DK
A Dorling Kindersley Book
www.dk.com

TOP 10 全球魅力城市旅游丛书

雅 典

科罗尔·达文波特
简·福斯特 著

赵 菁 译

TEP 旅游教育出版社 时尚 TRENDS

火神赫淮斯托斯神庙

贝纳基博物馆的玻璃瓶

卡普尼卡利亚教堂

A Dorling Kindersley Book
www.dk.com

Original Title: TOP 10 NEW YORK
Compilation Copyright(c)2002, 2006,
Dorling Kindersley Limited, London

TOP 10 全球魅力城市旅游丛书
雅典

（英）科罗尔·达文波特
（英）简·福斯特 著

赵 菁 译

责任编辑：李荣强
执行编辑：陈晓华

项目策划：北京时尚博闻图书有限公司
装帧制作：北京罗盘汇典图书有限公司

出版单位：旅游教育出版社
地址：北京市朝阳区定福庄南里1号
邮编：100024
发行电话：（010）65778403 65728372
65767462（传真）
本社网址：www.tepcb.com
E-mail：tepfx@163.com
印刷单位：中华商务联合印刷有限公司
经销单位：旅游教育出版社
开本：648x800mm 1/32
印张：4.75
字数：120千字
版次：2007年4月第1版
印次：2007年4月第1版第1次印刷
印数：10000册
定价：26.00元
（图书如有装订差错请与发行部联系）

目录

图书在版编目（CIP）数据

雅典 /（英）达文波特，（英）福斯特著；赵菁译.
北京：旅游教育出版社，2007.3

（TOP 10 全球魅力城市旅游丛书）
ISBN 978-7-5637-1476-6

Ⅰ. 雅… Ⅱ. ①达…②福…③赵… Ⅲ. 旅游指南－雅典 Ⅳ. K954.59

中国版本图书馆CIP数据核字（2007）第036153号

封面封底图片: Front – **DK Images**: Rob Reichenfeld bl; **Alamy Images**: © nagelestock.com main image; **Maria Stefossi**: clb. Spine – **DK Images**: Nigel Hicks. Back – **DK Images**: Joe Cornish tc; Rob Reichenfeld tl, tr.

希腊艾瓦桑士兵

爱琴娜岛

莫约斯特纳基的苏弗拉基餐馆

希罗德·阿提库斯剧场

伯罗奔尼撒半岛和波罗斯岛景致

雅典十佳

雅典十佳

TOP10 雅典重点游

雅典，一座大理石雕凿而成的城市，既是古代西方文明的摇篮，又是充满现代建筑的交通发达的大都市。这是一个万花筒般绚烂迷人的城市，城内在古代废墟上兴建起来的市场、咖啡馆和餐馆，无不受到东西方文明的共同影响，与一座座金碧辉煌的拜占庭式教堂相映成趣。

雅典风神塔

1 卫城（Acropolis）

卫城，即使不是整个欧洲的也是希腊的一颗明珠。城内的神庙是西方建筑史上最具影响力的建筑。（见8～11页）

2 古代市场遗址（The Agora）

苏格拉底，亚里士多德和圣保罗都曾在卫城山下的这个市场上谈古论今，滔滔不绝。此处是卫城的中心地带。（见12～15页）

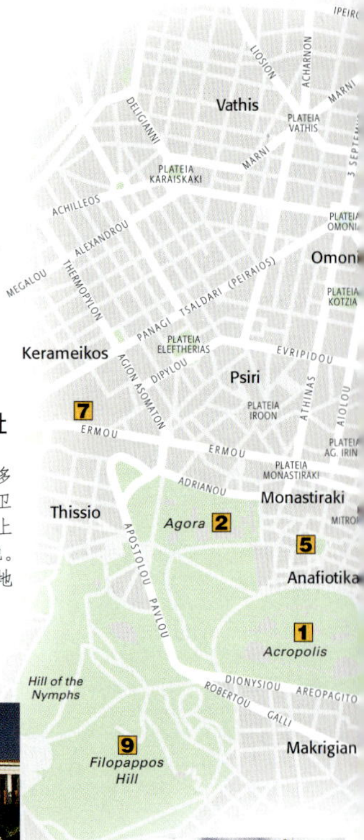

3 国家考古博物馆（National Archaeological Museum）

这里藏品数量丰富，多数来自世界上最伟大的文明（上图）。其中包括迈锡尼文明时期的黄金制品和人类历史上首次刻画人体形状的雕塑作品。（见16～17页）

4 基克拉迪艺术博物馆（Museum of Cycladic Art）

这里收藏的基克拉迪艺术品的数量居世界之首，展示了希腊母系氏族社会的岛屿文化，岛上5000年前的雕塑仍是现代艺术家们灵感的源泉。（见18～19页）

前页图片为雅典卫城

5 罗马市场和风神塔 (Roman Forum and Tower of the Winds)

古罗马人废弃了古安哥拉之后，建立了这个井然有序的新商业中心。其中最具代表性的是风神塔，因为里面安放着一个精巧独特的水钟。（见20～21页）

6 贝纳基博物馆 (Benaki Museum)

这里收藏了从新石器时代到现代最优秀的希腊艺术作品。具有新古典主义建筑风格的博物馆经过整修后焕然一新，其独特的历史以及颇负盛名的屋顶风光吸引了不少游客。（见22～23页）

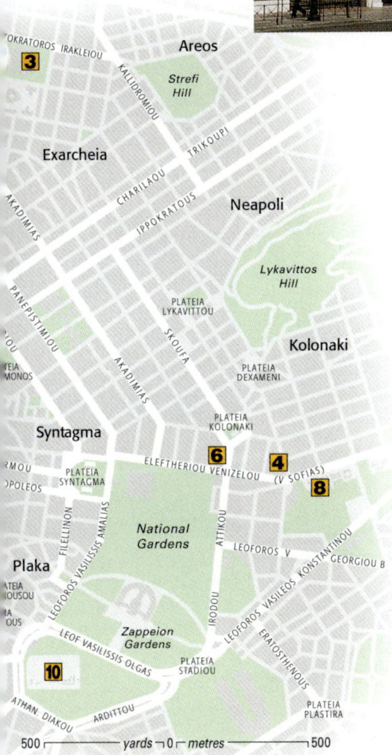

7 凯拉米克斯遗址 (Kerameikos)

一个典型的雅典公墓，地处城市边缘。设计独特的坟墓（上图）、庙宇和庄严肃穆的小道，让游客在这里可以畅想生与死的含义。（见26～27页）

8 拜占庭博物馆 (Byzantine Museum)

这里藏品代表了拜占庭时期艺术的最高成就，无论是精雕细琢、珍贵的金属制品，还是庄重、沉静的人像雕塑，都将拜占庭帝国的悠久历史娓娓道来。（见26～27页）

9 菲洛帕波斯山 (Filopappos Hill)

一座郁郁葱葱的山丘，地处城市中心，风景优美。这里的纪念碑融合了古代希腊（左图），拜占庭时期以及现代希腊的文明。（见30～31页）

10 奥林匹亚宙斯神殿 (Temple of Olympian Zeus)

古希腊最大的神殿（上图），位于雅典著名的哈德良拱门一侧，正是这个拱门将雅典一分为二，一半属于希腊英雄特修斯，另一半则属于罗马皇帝哈德良。（见32～33页）

TOP 10 卫城

这座雅典“圣山”上的诸多神庙被视为西方文明最重要的遗迹，并对西方建筑史有着无与伦比的影响。这些雄伟的大理石构筑的神庙兴建于公元前5世纪伯里克利斯统治时期，即“雅典黄金时代”。大部分神庙的修建是为了纪念雅典娜——雅典的守护女神。这些神庙的构造精巧，气势恢宏，其中的诸神雕像更是栩栩如生。

从亚略巴古岩石上看到的卫城

在早上或日出时游览，以避过中午让人困倦的高温和拥挤的旅游团。

卫城的餐厅价格都高得离谱。自带（大瓶的）矿泉水和零食。

- 地图J4
- 210 321 4172-2
- www.culture.gr
- 地铁：Akropoli站
- 4月至9月：每天早上8点至晚上7点30分；10月至3月：每天早上8点30分至下午3点
- 门票12欧元；学生半价。门票价格包括凯拉米克斯遗址、狄俄尼索斯剧场、古代市场遗址、罗马市场和奥林匹亚宙斯神殿（4天内有效）

十大景点

1. 卫城山
2. 山门
3. 雅典娜·尼基神庙（胜利女神庙）
4. 朝圣步道
5. 巴台农神庙
6. 伊瑞克提翁神庙
7. 卫城博物馆
8. 帕纳基亚·克莱索斯皮里提萨教堂
9. 希罗德·阿迪库斯剧场
10. 狄俄尼索斯（酒神）剧场

1 卫城山

地处城市的最高点，这里是寻求庇护、朝拜以及皇室居住的最佳场所。自新石器时代开始，卫城山一直担负着这些职责。

2 山门

走到山顶才能看到这座宏大的山门（上图），游客经此进入最高处的神庙。

3 雅典娜·尼基神庙（胜利女神庙）

自史前时代开始这里就已经有一座供奉胜利女神的神庙，因为它坐落在山上最险要的位置并保护着这座山。

4 朝圣步道

古代朝圣游行所经过的路线，游行的最后人们会将一件新的长袍和其他祭祀品献给雅典娜。

5 巴台农神庙

古希腊古典艺术的结晶，希腊语中即“处女神庙”，神庙内供奉着一个巨大的雅典娜女神像，由黄金和象牙雕铸而成。

6 伊瑞克提翁神庙

据神话传说，雅典娜和海神波塞冬为争夺雅典保护神的身份在此交战。神庙的设计分别与这两个神话人物对应。

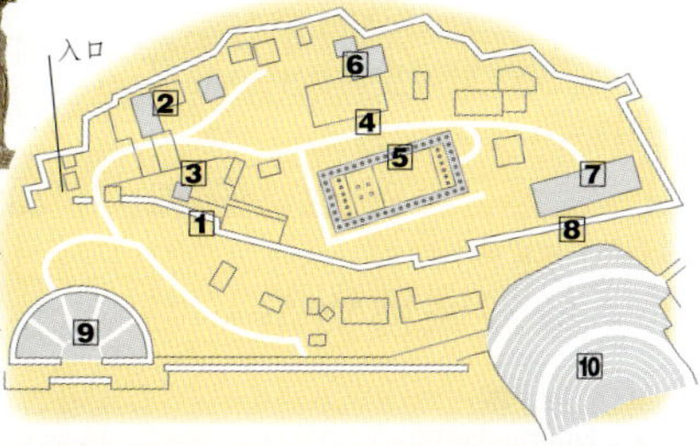

7 卫城博物馆

即将被一座新的卫城博物馆取代，新博物馆预计在2007年开放（见10～11页），但新博物馆开放后的一段时期内两座博物馆将同时接待游客。

8 帕纳基亚·克莱索斯皮里提萨教堂

这座教堂本是敬献给酒与狂欢之神，后用来供奉金色岩石处女神（the Virgin of the Golden Cave）。

9 希罗德·阿迪库斯剧场

建造年代偏晚（右图），于公元161年建立。每年夏季都会举办雅典艺术节（Athens Festival）。（见60～61页）

10 狄俄尼索斯（酒神）剧场

这个镶嵌着马赛克的剧场曾是上演希腊古典戏剧的场地，许多伟大的剧作家（如埃斯库罗斯Aeschylus、索福克勒斯Sophocles和欧里庇得斯Euripides）的作品都是在这里首演。剧场可容纳1.5万人，今天人们仍可看到前排为主持酒神祭祀仪式的祭司保留的大理石制成的石椅。

后期的卫城

公元5世纪时，巴台农神庙是一座基督教教堂。在土耳其帝国占领时期，这里被改成清真寺，而伊瑞克提翁神庙则被当做后宫。土耳其人还在巴台农神庙内存放军火，结果1687年威尼斯人炮轰神庙时几乎将之毁灭。1799年额尔金勋爵将部分雕像搬走运至英国，使巴台农神庙遭受重创。最近一次的修复直至2006年才完成。

古老神庙中的雕像

TOP 10 新卫城博物馆

1 玻璃地板 (The Glass Floor)

由于博物馆是直接在一个早期基督教建筑之上修建，玻璃地板可以让游客看到其下的各种古典主义雕塑作品。

2 巴台农大理石雕 (The Parthenon Marbles)

这些大理石雕塑作品分别按原来在巴台农神庙中的位置摆放，其中还为现存于伦敦的一些雕塑品醒目地空出了位置。

3 扛小牛的男人 (The calf-Bearer)

这个满面笑容的希腊古朴时期的雕像作品表现了一个扛着小牛的留胡须的男人，正准备将小牛作为祭祀品献给雅典娜。这件雕像本身即是一件祭祀品，其历史可追溯到公元前570年。

扛小牛的男人

4 穿披肩的少女 (The Peplos Kore)

这是古朴时期作为祭祀品的雕像中最精致的作品之一。少女的披肩，希腊语中称为“佩普拉斯”(peplos)，涂有装饰性的颜色。现在她的眼睛，嘴唇和卷发上仍能看到些许的颜料残留。

5 杏形眼睛的少女 (Kore with Almond-Shaped Eyes)

作为祭祀品的雕像中最奢华的作品——少女身上精致的织物和整个身体的形状都显示了此时雕刻艺术的发展。少女的裙子上绘有繁复的花纹，裙摆上则是典型的“希腊纹饰”。

6 古代神庙的山形墙 (Pediment of the Ancient Temple)

古代一座献给雅典娜女神的神庙上山形墙的一部分，年代早于巴台农神庙，后被毁。这部分墙体展现了雅典娜与一个巨人作战的情景。其历史可追溯到公元前520年。

7 克里特的少年 (The Kritios Boy)

这座精美的雕像刻画了一个男性年轻运动员，它标志着希腊雕刻艺术从古朴时期向古典时期的转变，因为雕像的姿势更趋自然。这座雕像创作于公元前480年。

8 “悲恸的雅典娜”浮雕 (Relief of the "Mourning Athena")

这个小型浮雕表现了少女时期的雅典娜，她既没拿刀剑，也没拿盾牌，而是只穿着一件古希腊长袍。

9 女像柱 (The Caryatids)

这本是支撑着伊瑞克提翁神庙的雕像式立柱，但现在出于保护的目的被放置于此。起初他们的手臂是高举酒碗，现在已被毁坏。

10 雅典娜·尼基神庙的饰带 (Frieze on the Temple of Athena Nike)

这个面积不大但雕刻生动的饰带表现了战争的场面，作战的各方包括诸神、波斯人和希腊人。

关于艺术风格和术语的解译，请参见42～43页

巴台农大理石雕中所表现的十大场景

1. 雅典娜的降生，表现了雅典娜整个身体从宙斯的头中生出的场面（见38页）
2. 众神目睹雅典娜的降生
3. 雅典娜与海神波塞冬为争夺雅典之战（见38页）
4. 在雅典娜与波塞冬之战中，众神观战并选择支持哪一方
5. 朝圣游行，古希腊最重要的宗教仪式
6. 半人半马怪兽（Centaurs）与莱比斯人（Lapiths）之战
7. 众神与巨人之战
8. 希腊人与亚马逊人之战
9. 特洛伊大战
10. 女祭司为雅典娜预备面纱

并非只是建筑

老卫城博物馆

狭小、破旧的老卫城博物馆确实委屈了其中所收藏的奇珍异宝。而希腊政府在卫城脚下新建的一幢多层、全玻璃幕墙的新博物馆却使它们光辉尽显。新博物馆预计在2007年将部分对外开放，届时老博物馆中的大部分藏品将搬迁至新博物馆。但是，修建新博物馆的初衷并不仅止于此，它的修建其实是为了向国际社会传递一个明确的信息。1799年，第七世额尔金勋爵将巴台农神庙中三分之二的众神、人像及怪兽雕像搬走，运至英国。这些雕像绝大部分被卖给大英博物馆。然而大英博物馆却拒绝归还这些雕像，声称雅典方面无法正确或安全地展出这些珍宝。因此，雅典政府现在可以用新的博物馆的建成来驳倒这些言论，归还这些雕像的最后障碍也不复存在了。在新博物馆中有一个特殊的展室在等待着这些雕像的归来。希腊政府希望当2007年新博物馆开放之后，数千名来自世界各地的游客注视着那些闪闪发光却空空如也的展柜时，英国政府能感到压力，从而迫使他们归还这些大理石雕塑。

艺术家眼中的新卫城博物馆

新卫城博物馆

玻璃墙可以使馆内的游客直接看到墙外的卫城神庙，而玻璃地板也能使他们直接看到脚下的早期基督教建筑。

通过玻璃墙可以直接看到巴台农神庙

新卫城博物馆在马可利加尼区，即封底的中部雅典地图中的K6区

TOP 10 古代市场遗址

阿格里伯音乐厅

这个古代雅典的市场始建于公元前6世纪，1200多年来一直是城市中最重要的部分。它是所有市民活动的中心，这些活动涉及政治、商业、哲学、宗教、艺术和体育。这里是苏格拉底向公众发表演讲的地方，民主诞生的地方，这里也是圣保罗布道的地方。由于历史的变迁，遗址的散乱可能会让游客驻足不前。然而，与闷热拥挤的卫城不同，绿草萋萋的古代市场遗址是一个可供游客漫步，遥想当年这里的繁华和喧嚣的好去处。

阿格里伯音乐厅前的雕像

从亚略巴古岩石上俯瞰古代市场遗址时景色最美。（见53页）

古代市场遗址周围的大部分地方都有餐馆；然而雅典人一般会去亚德里亚诺大街（Adrianou）的土库提餐馆享受传统的美食。如果你去了，尝尝那里的玫瑰花瓣冰激凌！

- 莫纳斯特纳基区（Monastiraki）的亚德里亚诺大街
- 地图B4
- 地铁：莫纳斯特纳基（Monastiraki）站
- 210 321 0185
- www.culture .gr
- 3月至12月：每日早上8点至晚上7点30分；1月至2月：每日早上8点30分至下午3点
- 门票：3欧元，或包括在游览卫城的门票中

十大看点

1. 巴塞雷奥斯柱廊
2. 阿格里伯音乐厅
3. 火神赫淮斯托斯神庙
4. 圆顶建筑
5. 巨型排水系统
6. 古代英雄纪念碑
7. 宙斯祭坛
8. 中心柱廊神殿
9. 供水设施
10. 阿特洛斯柱廊博物馆

1 巴塞雷奥斯柱廊

始建于公元前500年，是负责祭拜仪式的部门所在地。公元267年哥特人侵占雅典时这里几乎全部被毁。欣赏这座废墟最好的角度是从亚德里亚诺大街俯瞰，所有景色尽收眼底。

2 阿格里伯音乐厅

马库斯·维普桑尼尔斯·阿格里伯是罗马大帝奥古斯都手下的一名官员，他于公元15年主持修建了这座剧场。剧场外巨大的基座上矗立着3个蛇尾巨人和海神的雕像。如今仅剩两个海神和一个蛇尾巨人的雕像。

火神赫淮斯托斯庙

3 火神赫淮斯托斯神庙

希腊保存最完好的古代神庙，为供奉火神赫淮斯托斯和雅典娜女神而建。神庙的横饰带上栩栩如生地刻画了传说中的希腊国王特修斯（Theseus）和大力士赫拉克勒斯（Herakles）的事迹。

4 圆顶建筑

这个圆形建筑希腊语意为“蜂窝”，希腊首届政府的50名成员曾在这里生活和工作。

5 巨型排水系统

这套巨型排水管道至今仍在发挥作用，如果雅典下起倾盆大雨，来自卫城、亚略巴古和安哥拉的雨水经这套排水系统流至如今已极度干涸的依瑞达诺斯（Eridanos）河。

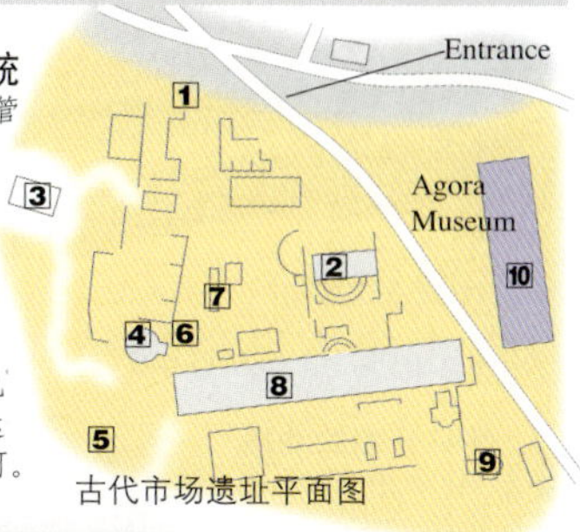

古代市场遗址平面图

6 古代英雄纪念碑

古代雅典居民被划分成10个部落，每个部落由一位古代英雄代表。这个纪念碑建于公元前350年，由10个古代英雄的青铜像组成，他们是：阿贾克斯（Ajax）、利奥斯（Leos）、西波托恩（Hippothoon）、埃里克特斯（Erechtheus）、阿基乌斯（Aegeus）、赛克罗普斯（Cecrops）、阿卡玛斯（Akamas）、潘迪翁（Pandion）和欧尼乌斯（Oeneus）。

7 宙斯祭坛

这个气势辉煌的神庙是献给宙斯的，于公元前4世纪建于雅典某地（可能是平尼克斯<Pnix>）。公元一世纪时，这个神庙被拆分后运到这个市场并被重建。

8 中心柱廊神殿

这个巨大的中心柱廊占据了这个市场中心的大部分位置。神殿的两条走廊排列着多力克式立柱。

9 供水设施

这个供水设施是公元2世纪时修建的一个喷水池，尽管11世纪在其上建造了一个拜占庭教堂（左上图），这个供水设施的局部仍清晰可辨。

10 阿特洛斯柱廊博物馆

这个别致的两层小楼由帕加码（Pergamon）国王阿特洛斯二世（公元前159-138年）命人修建（右图）。1956年由美国考古学院重建。如今这个廊式建筑已经成为一座世界级的博物馆，馆内展出古代市场遗址发掘出的文物。

圣地遗址

你会看到人们站在古代市场遗址内的岩石上祈祷或者吟唱赞美诗。世界各地的圣徒循着圣保罗的脚步来到这里，圣经中（第17章22～34节）圣人保罗曾在这里发表他著名的以“雅典诸人……”开头的演讲。这篇演讲历数了古代希腊宗教的误区，就是在这里保罗首次将部分雅典人转变成基督徒。

古代市场博物馆的信息请看后页

刻有“放逐希波克拉底”字样的陶片

阿特洛斯柱廊博物馆

TOP 10 古代市场博物馆（阿特洛斯柱廊博物馆）

1 盛芬芳油的油瓶 (Aryballos)

这个小巧的古代油瓶被塑造成了一个屈膝的男孩，这是一个头上缠着象征胜利的缎带的运动员。其历史可追溯到公元前530年。

盛芬芳油的油瓶

2 水滴钟表 (Klepsydra)

这个水滴钟表制作于公元前5世纪，是一种独特的在公共法庭上为人们的演讲计时的陶制水钟。当演讲者开始讲话时，水钟的盖被拔出，水钟开始滴水。壶中的水滴完所需的时间恰好是6分钟，此时演讲者即使一句话只说了一半，也必须停止。

3 陶片 (Ostraka)

这种刻字的陶片在希腊实行民主的初期十分重要，希腊语中被称为“奥斯特拉卡”（oatraka）。在决定实施贝壳放逐（ostracism）的程序中这些陶片就是选票。由于民众担心暴政的出现，一旦某位政治家被认为会给民主带来威胁，市民可以投票决定将其放逐。馆内展出的陶片上就显示了好几位以这种形式被放逐的著名政治家的名字，其中还包括特米斯托克利（Thmistokles）——雅典历史上最重要的领导者之一。

4 青铜盾牌 (Bronze Shield)

这个巨大的斯巴达风格的盾牌是雅典人公元前425年在斯法克里雅（Sphacteria）战役中战胜斯巴达人后获得的战利品。这个盾牌体积巨大，难以想象士兵们在战斗中如何使用这样一个沉重又麻烦的家伙。盾牌上一位雅典士兵还刻上了“雅典人在皮洛斯打败了斯巴达人”的字样。

5 胜利女神头像 (Head of Nike)

这个小巧、精致的雅典娜胜利女神头像（右图）的历史可追溯到公元前425年，曾以金箔和银箔装饰；其眼眶内应有双眼，但现在却不知所终。

6 有翼的胜利女神像 (Winged Nike)

这个优美、飘逸的雅典娜神像曾被安放在古代市场遗址中的宙斯柱廊中。她曼妙的身姿以及身上的长裙（希腊语发音为凯腾chiton，一种宽松的束腰长裙）都是她那个时代表现女神的典型手法。这个雕像创作于约公元前415年。

7 雅典民主法（Athenian Law for Democracy）

公元前336年或337年，雅典市民通过投票，催生出一项历史性的新民主制度，决定给予每个（男性）公民平等的投票权。这部法律即镌刻于此，其顶部则刻有民主女神为雅典人加冕的图像。

8 阿波罗神像 (Apollo Patroos)

这个巨大但雕刻精致的祭仪用的阿波罗神像曾安放在古代市场遗址中一个神庙中。这座雕像的复制品展示了这个音乐之神弹奏的是一种名为西萨拉（kithara）的有弦乐器。这个雕像的作者是著名的雕刻家和画家尤法诺（Eupharnor），创作于约公元前330年。

9 大理石甄选仪 (Marble Cleroterion)

这个仪器是公元前3到前2世纪（即阿提卡<Attica>被分成10个部族的时期）雅典政府选择官员时所用。这个看似简单的盒子其实结构复杂，内有无数的狭缝、砝码、转轴和彩球。展柜下的标牌解释了这个装置的复杂性。

10 双耳喷口酒杯 (Calyx Krater)

制作于公元前530年，这是所知最早的双耳喷口杯——一种在宴会上将水与酒进行混合的精致器皿，而仅存的这种形状的陶罐是由最伟大的阿提卡陶罐画匠艾瑟基亚斯（Exekias）所绘。陶罐上栩栩如生地绘制了一些场景，有赫拉克勒斯（Herakles）被带到奥林匹亚众神之前的场面，以及希腊战士与特洛伊战士为争夺帕特库罗斯（Patroclus）的尸体而交战的场面等。

阿特洛斯柱廊博物馆

胜利女神头像

阿特洛斯柱廊在公元前2世纪时原是一个市场。拱廊的两边商店林立，中间大理石柱下的阴凉地则是雅典的有钱人见面和聊天的理想场所。经过数十年的挖掘，古代市场已经成为雅典最重要的遗址之一，这里发掘出的文物极富艺术价值，展示了雅典民主初期人们的政治及文化生活。20世纪50年代，美国考古学院重建了这个柱廊并将之改造成为一个博物馆，展出从这个遗址挖掘出的文物。这个博物馆的大部分藏品都与雅典民主的发展有密切的联系。馆外的大理石过道则展示了曾放在市场内的神庙中的一些雕像。

重建后的阿特洛斯柱廊，如今的古代市场博物馆

TOP 10 国家考古博物馆

它不仅仅是希腊最好的的博物馆，也是全世界最重要、最精彩的博物馆之一。这里布满了从荷马所描述的青铜器时代到古代希腊的黄金时期及以后的文明中最富盛名、最有影响力及最美丽的艺术品。自1990年起这个博物馆的一部分暂时关闭，为了能让这里的珍品能够以更好的方式展示出来。

博物馆正面新古典主义风格的造型

这里可看的艺术品太多，因此值得再去一次，而且不妨买一本博物馆内出售的介绍性的小册子。

博物馆中庭内有一个小餐厅，博物馆前面还有一个更大的餐馆。

- 帕蒂西奥街（Patision）44号
- 地图C4
- 地铁：维多利亚站（Victoria）
- 210 821 7717
- www.culture .gr
- 4月至10月：每日早上8点至晚上7点；11月至3月：周一上午10点30分至下午5点；周二至周日早上8点30分至下午3点
- 门票：6欧元

十大展品

1. 基克拉迪收藏品
2. 泰拉岛壁画
3. 迈锡尼文明收藏品
4. 希腊化时代雕像
5. 铜像收藏品
6. 古典主义时期雕像
7. 墓碑
8. 古朴主义时期青年雕像
9. 陶罐收藏品
10. 埃及收藏品

1 基克拉迪收藏品，公元前3200至前2200年

基克拉迪博物馆（见18～19页）所收藏的来自基克拉迪文明的文物数量最多，在这里你能见到一些最不同寻常的展品，例如弹竖琴者（上图），以三维立体的方式展示了一个活动的人体，这种方式颇为独特。

2 泰拉岛壁画，公元前16世纪

公元前16世纪时的一次火山爆发将泰拉岛（圣托里尼岛）上拥有高度文明的阿科罗提利小镇（Acrotini）埋葬。类似拳击少年（左图）这样鲜明动人的壁画都被完好地保存在了火山灰下。

3 迈锡尼文明收藏品，公元前16至11世纪

迈锡尼文明以其强大的武力以及丰富的黄金制品而闻名。这里展出的一些黄金制品包括极富传奇色彩的死亡面具（中图）及价值连城的黄金宝剑。

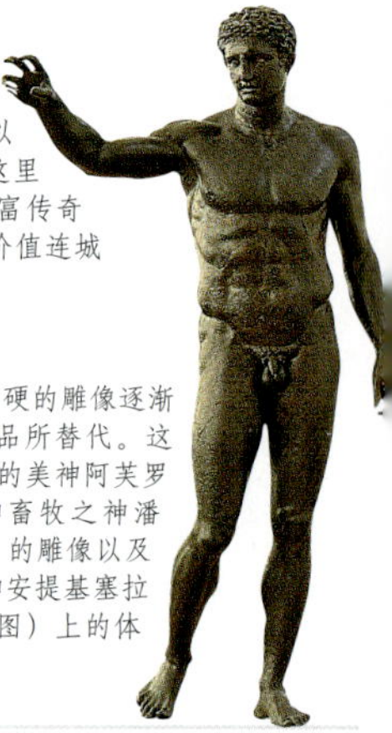

4 希腊化时代雕像

此时古朴主义时期线条僵硬的雕像逐渐被富有活力和美感的雕塑作品所替代。这种风格在公元前100年时塑造的美神阿芙罗狄忒（Aphrodite）、山林和畜牧之神潘（Pan）和爱神依洛斯（Eros）的雕像以及一个受伤的高卢人（Gaul）和安提基塞拉（Antikythira）青年雕像（右图）上的体现尤为明显。

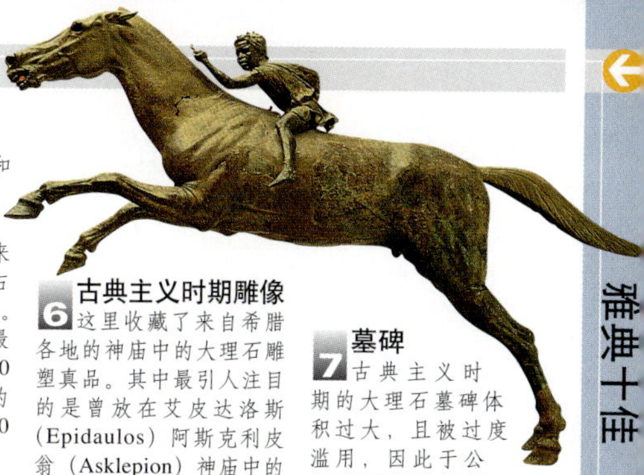

5 铜像收藏品

很多古朴主义时期和古典主义时期最伟大的艺术作品都是青铜所制，只有极少数留存下来——绝大部分在希腊被占领时期被熔化制成武器。这里保存的铜像数目最多，包括一个公元前460年制作的波塞冬或宙斯的雕像以及这个公元前140年的奔马雕塑（右图）。

6 古典主义时期雕像

这里收藏了来自希腊各地的神庙中的大理石雕塑真品。其中最引人注目的是曾放在艾皮达洛斯（Epidaulos）阿斯克利皮翁（Asklepion）神庙中的一些雕像，公元前100年时头戴绶带的青年运动员雕像和公元5世纪由伟大的雕塑家波里克利特斯（Polukleitos）制作的铜像的大理石复制品。

7 墓碑

古典主义时期的大理石墓碑体积过大，且被过度滥用，因此于公元前317年被禁用。这个雕刻精致的墓碑就表现了一幅典型的场景，右边为死者，左边为其亲人。

迈锡尼死亡面具

8 古朴主义时期青年雕像，公元前7世纪至前480年

克罗伊（Koroi）即是神庙和墓碑上出现的青年男女的雕像，是希腊早期具有纪念性质的艺术品。早期的雕像线条僵硬，风格单一。

10 埃及收藏品

这是博物馆新增的藏品，游客可以惊奇地发现这些展品与希腊古朴主义时期艺术的相通之处，因为后者在形成自己的风格之前，大量借鉴了埃及雕塑艺术的特点。请特别留意一座公元前715年的女祭司塔库西（Takusit）的青铜像。

9 陶罐收藏品

这些绘制精美的陶罐展示了希腊艺术从新石器时代（上图）到公元前4世纪的发展演变。这些陶罐大多见于墓地及宗教庇护所中。

地震

1999年9月一场20世纪最强烈的地震撼动了雅典，城内的建筑悉数摇摇欲坠。国家博物馆中那些脆弱的陶罐和壁画也未能幸免，因此该博物馆一半的展室不得不关闭，但是2004年这些展室大部分又重新开放，其中的物品也都全部归位。

TOP10 基克拉迪艺术博物馆

这里气氛宜人，游客可以尽情地徜徉在精致、半抽象的基克拉迪艺术品之间，这些艺术品来自于公元前3200至前2000年曾在基克拉迪繁荣一时的文明。这些精美的大理石雕塑与同时期其他文明中的艺术品风格迥异，大部分为女性形象，可能是祭仪中使用的女神像。这些雕塑的形状曾经给予了很多20世纪的艺术家们灵感。

狩猎战士与女王

新侧楼的入口

所有重要的展品都在博物馆的主楼。新的侧楼内展出的为临时性展品。

馆内早上大部分参观者是集体参观的学生和旅行团，如果你想要清静，下午1点后再来。

博物馆中庭内的小餐厅是吃一顿轻便午餐的最佳去处。

· 尼奥菲图 · 多卡大街（Neofytou Douka）4号与瓦西里西斯 · 索非亚大道（Vasilissis Sofias）交会处

· 地图P3

· 210 722 8321

· www.cycladic .gr

· 地铁：依万杰里斯莫斯（Evangelismos）站

· 周一至周五上午10点至下午4点，周六上午10点至下午3点

· 门票：5欧元，学生票：2.5欧元

十大看点

1. 莫蒂格利亚尼人像
2. 绘有鸽子的器皿
3. 狩猎战士和女王
4. 男性人像
5. 持杯者
6. 墓碑式人像
7. 绘有众人集会的基里克斯陶杯
8. 狄奥尼索斯陶罐
9. 新侧楼
10. 礼品店

1 莫蒂格利亚尼人像

这座雕像（右图）的线条轮廓与20世纪一位画家阿米迪欧 · 莫蒂格利亚尼（Amedeo Modigliani）的作品极其相似，因此得名。雕像纤细、简单的线条，交叉的双臂以及光滑的脸部都具有典型的基克拉迪风格。呈非站立状态的双足显示雕像原来可能是被平躺放置的。

2 绘有鸽子的器皿

由一整块大理石雕凿而成，这是所有墓葬中发现的最引人注目的“煎锅”形系列器皿（上图）。考古学家们认为鸟类在基克拉迪文明中是一个重要的象征，因为它们也在其他雕刻作品中出现过。但是这些鸟类的具体象征意义是什么，目前还不得而知。

3 狩猎战士和女王

这对男性和女性人像超长的手臂、杏形的眼睛和嘴部都体现了基克拉迪风格后期最自然主义的表现手法。专家们相信男性人像身上所雕刻的佩带和短剑都表明他是一个狩猎战士。

4 男性人像

这是目前为止发现的基克拉迪风格的艺术品中唯一一个这种大小的雕像（右图）。这个雕像据信为古朗德里斯 · 马斯特（Goulandris Master）所作，因为他所创作的女性人像精美、细致，其形状与手臂放置的位置都与这座雕像相似，只是生殖器不同。这座雕像岔开的双腿表明他是呈站立姿势，而不是一般女性人像所呈现的卧姿。

5 持杯者

这个坐着的饮酒者手臂愉快地高举着，这类雕像在基克拉迪风格的雕塑品中极其少见。但仅存下来的少数类似的雕塑品表明，除了在一些墓葬中发现的处于卧姿的女神像，基克拉迪文明也出产了一些反映日常生活的生动活泼的雕像。

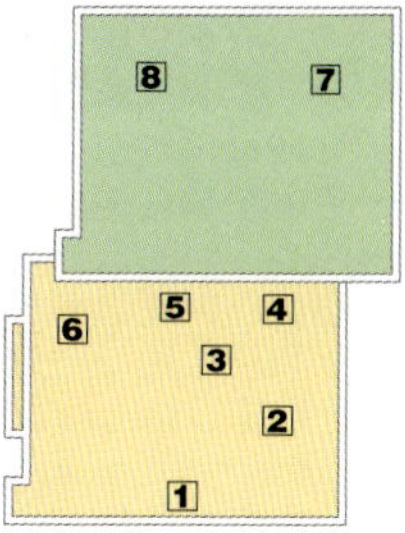

图例

二层

三层

6 墓碑式人像

这是迄今为止所发现的基克拉迪风格的雕塑品中体积最大的雕像之一，它的线条清晰匀称，风格独特，充分显示了这是一位天才艺术家的作品。古朴主义风格在这座雕像身上也初步显露出来，尽管几个世纪之后这种风格才完全形成。它的规模也显示了这座雕像应该出现在神殿中而非陪葬品。

7 绘有众人集会的基里克斯陶杯

这是一个颇为特别的陶器，创作于公元前5世纪，上面绘有一些体态微斜的青年们聚集在一起闲聊、喝酒以及谈论哲学（当然，偶尔也会谈论一些更粗俗的话题）。陶罐上还表现了青年们在高谈阔论的间隙玩抛掷酒杯的游戏的场景。

8 狄奥尼索斯陶罐

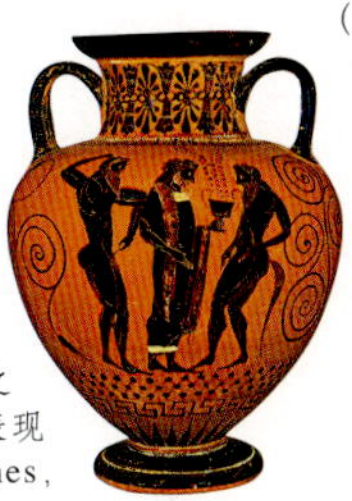

这个保存完好的陶罐（右图）制作于公元前6世纪，陶罐的一边表现了酒与狂欢之神狄奥尼索斯(被裸身、手舞足蹈的半人半兽之神包围着)，另一边则表现了正与赫耳墨斯（Hermes，商业之神）交谈的雅典娜。

9 新侧楼

1991年，博物馆接管了相邻的斯塔萨托斯大厦（Stathatos Mansion），这座光彩夺目、新古典主义风格的大厦（见96页）由巴伐利亚建筑师欧内斯特·齐勒（Erne）设计。这里有着精美的枝形吊灯，天鹅绒窗帘和别致的古董家具。博物馆在这里展出的是临时展品和接收的赠品，偶尔也会举办讲座。

10 礼品店

想要购买礼品的游客值得在此流连。在这里你能看到银制和陶土制的基克拉迪仿制品是如何的时髦和经久不衰。这里也有风格各异的咖啡桌和门类齐全的学术性艺术书籍。

古朗德里斯王朝

这个博物馆的创建人是古朗德里斯（Goulandris）家族，希腊最大的船运巨头（他们一直是船王欧内西斯的有力竞争对手）。他们收藏的艺术品之丰富举世闻名：除了基克拉迪艺术博物馆，他们还在安德罗斯岛（Andros）修建了两座博物馆，并计划在雅典再修建一座现代艺术博物馆。

TOP 10 罗马市场和风神塔

公元1世纪，罗马人将雅典的市场由古代市场遗址搬迁至此。搬迁后的市场规模略小，但大理石柱环绕的广场更适合开设商店，因此直到19世纪这里都是雅典的商业和政治中心。这里最吸引游客的就是设计独特、精巧的风神塔。

东南风神尤洛斯，风神塔

纪念大门入口

在8月下旬秋分前后之满月时（此时的月亮被认为是一年中最大、最亮的时候），这里将举行月光古典音乐会。

罗马市场周围的餐馆主要面向游客，所以价格偏高。不妨到附近的迪奥基纳斯（Diogenous）大街上的欧·普拉特诺斯（O Platanos）餐馆去看看，那里提供的食物简单却美味，价格也适中。（见75页）

· 莫纳斯特纳基区（Monastiraki），艾欧罗大街（Aiolou）与迪奥基纳斯大街（Diogenous）交会处

· 地图J4-K4

· 210 324 5220

· www.culture .gr

· 4月至10月：每日早上8点至晚上7点15分；11月至3月：每日早上8点至下午3点

· 门票：2欧元（学生半价）或包括在12欧元的卫城门票中

十大景点

1. 风神塔
2. 市场管理处
3. 68座公厕
4. 拜占庭式墓刻
5. 东纪念大门
6. 费提耶清真寺
7. 庭院
8. 喷泉
9. 雅典娜拱门
10. 裘利西斯·凯撒和奥古斯都的题字

1 风神塔

这个八角形的石塔为叙利亚天文学家安德罗尼古斯（Andronikos）于公元前50年所建，各边分别刻有八方风神浮雕像。塔内有一个水钟，由卫城中流出的小溪驱动。

2 市场管理处

这个两室的建筑到最近才被确认为是管理市场的官员的驻地。也有理论认为这是祭献克劳迪亚斯（Claudius）或尼禄（Nero）的祭坛的一部分。

罗马市场列柱的局部复原

3 68座公厕

这个大理石公厕坐落在一个四方形的建筑内，中心有一个庭院，而厕所则位列四周。不用担心没有隐私，当时公厕是人们聚集的社交场所之一。

4 拜占庭式墓刻

在拜占庭时期，风神塔是一间教堂，而周围则是公墓。坟墓前都是雕刻精美的圆柱形墓碑。后来这些墓碑被聚集到一处，其中还有一些来自雅典周边地区。

5 东纪念大门

这是原来进入市场的两个大门之一（右图）。游客在进出时可以看见大门附近的一个柱廊上刻有一些雕像，很可能是罗马的官员或皇帝。

6 费提耶清真寺

在土耳其人统治时期，罗马市场仍是一个重要的中心。1456年，土耳其人在一个曾是基督教教堂的遗址上建造了这个“占领者之清真寺”（下图）。

7 庭院

这里曾是雅典人的活动中心。这个庭院四周各色商店和手工艺品商店林立，销售的都是食品、布匹、陶器、珠宝和来自国外的陶器。

9 雅典娜拱门

这是进入市场的西大门，由4根巍峨的潘泰列克大理石柱组成，由裘利西斯·凯撒和奥古斯都于公元前11年所建，以此作为雅典人民奉献给雅典娜的祭礼。

8 喷泉

和其他水钟一样,这个大理石喷泉的水源来自卫城，这个喷泉曾给每个来到这个市场的人丝丝清凉。但是当这个喷泉的泉水偶尔散发臭味时，最好不要靠近它。

10 裘利西斯·凯撒和奥古斯都的题字

雅典娜拱门上裘利西斯·凯撒和奥古斯都的题字已经模糊不清，只有在正午时才看得比较清楚。游客如要看清楚题字，最好站在市场的外面，从入口处向里看。

有关文物的杂记

自1940年以来，考古学家们一直将从阿提卡发掘到的小型、还未归类的出土文物存放在这个市场。因此这个遗址堆满了找不到适当位置存放、却颇为有趣的文物。例如68座公厕附近散乱的古代都城城墙，或是喷泉旁花环装饰的石棺（对这个石棺人们所知甚少）。

TOP10 贝纳基博物馆

这个大型博物馆能够使参观者全面了解从石器时代（公元前7000年）到20世纪的希腊历史，其中包括古希腊时代、拜占庭时代和土耳其帝国时代的历史。馆内的36间展室按时间顺序摆放了2万件展品，充分展示了希腊绘画、雕塑和手工艺的发展演变。

屋顶餐厅

记住逢周四这里免收门票而且开放至午夜。

贝纳基博物馆的全部展品肯定无法一次看完：上午看一部分，到屋顶餐厅吃完中饭后，下午再去参观其余的展品。

十大看点

1. 博物馆
2. 依维亚岛珍品
3. 底比斯珍品
4. 色萨利珍品
5. 埃尔·葛雷柯绘画作品
6. 18世纪中叶的会客室
7. 科札尼第二展室
8. 希腊独立战争大事记
9. 餐厅
10. 商店

1 博物馆

这座宏伟的白色新古典主义建筑兴建于1867年，1910年由艾曼纽尔·贝纳基（Emmanuel Benakis）购得，后来由其子女继承。1931年他的子女将这栋建筑捐献给国家，这里随即成为一座博物馆。

2 依维亚岛珍品

公元前3000年左右，金属冶炼技术的引进标志着希腊文明从石器时代向青铜时代转变。这一时期杰出的代表作就是这三个杯子，两个为金制品（上图为其中一个金杯），另一个为银制品，这些杯子造型非常简单，装饰图案也极少。它们大约来自于公元前3000至2800年。

3 底比斯珍品

在青铜时代晚期，人们用装饰性珠宝来炫耀自己的财富。这套迈锡尼时期的黄金首饰就包括一个金制、刻有图案的图章戒指，这个戒指上的图案表现了与一位史前女神有关的宗教婚礼。

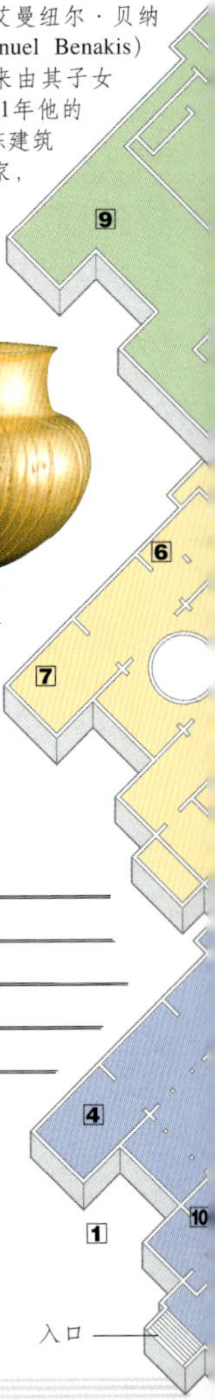

图例

- 一层
- 二层
- 三层
- 四层

· 克罗纳基区（Kolonaki），库帕里大街（Koumpari）1号

· 地图N3

· 210 367 1000

· www.benaki.gr

· 地铁：宪法区（Syntagma）站

· 周一、周三、周五和周六上午9点至下午5点，周四上午9点至午夜，周日上午9点至下午3点，周二关闭

· 门票6欧元，周四免费

色萨利珍品 4

这些令人惊叹的希腊和罗马黄金饰品来自于公元前3至前2世纪，当时的人们借助金银丝加工和金属焊接（将金珠焊接在其他金属上）技术制造出了工艺精美的耳环、项链、手镯和王冠。上图所展示的饰带中心有一个赫拉克勒斯结。

埃尔·葛雷柯绘画作品 5

多梅尼科·狄奥多科布洛斯（1541－1614）居住西班牙期间被叫作埃尔·葛雷柯，意为：那个希腊人。这里收藏的是他早期作品，其中一幅为受到威尼斯画派影响的《贤士来朝》（The Adoration of the Magi，右图）。

18世纪中叶的会客室 6

这个会客室由一个马其顿风格的房间改建而成，有着色彩鲜明的镏金木屋顶和格板墙（左图），反映了这个地区高度发展的手工艺水平，以及土耳其人统治下繁荣的商业。

科札尼第二展室 7

这是另一个18世纪中叶由马其顿风格的房间改建而成的会客室。它有着雕刻精美的木头屋顶，华丽的内置木质壁橱。人们在房间里可席地而坐，因为房间里铺着波斯地毯和座垫，并有一个铁制的咖啡桌。

希腊独立战争大事记 8

这是一幅表现一位留着长发、胡须浓密的希腊独立战争英雄的油画（右图），他佩戴着装饰华美的宝剑、马刀，还拿着一把来福枪。除此以外，这里的展品还包括一张属于拜伦勋爵的便携式写字桌。

餐厅 9

满脑子的文化艺术是否让你有些倦怠，去屋顶餐厅休息一下吧，那里还能俯瞰郁郁葱葱的绿树和国家花园的草坪。

商店 10

这里展示了很多仿制的陶碗、陶瓦、首饰和拜占庭艺术品，这些艺术品在仿制的过程中都尽可能地使用与真品制作最接近的工艺。

谁是贝纳基？

安东尼斯·贝纳基（Antonis Benakis，1873－1954）是埃及一个富可敌国的商人艾曼纽尔·贝纳基之子。他的父亲后来成为了雅典市长。住在亚历山德里亚时（Alexandria），安东尼斯·贝纳基开始收集伊斯兰教艺术品。来到雅典后，他又开始收集拜占庭和希腊民间艺术品。1931年，他将自己所有的收藏都捐献给了雅典政府。

TOP 10 凯拉米克斯遗址

凯拉米克斯曾是雅典古城的城乡交界之处，雅典的外城墙从这里穿过。战士们和牧师们通过这里相隔甚远的两条路进入雅典（一条通往妓院，一条通往神庙）。路旁林立的墓碑下埋葬着政治家和英雄们。这里也曾是寻欢作乐者，放高利贷者和私酒贩卖者活动的地方。

迪米特利亚和庞菲尔的石龛

政治家们的墓地

这个绿树成荫的遗址和周围那些现代化的建筑在傍晚时分别有韵味，那时夕阳的余晖给所有建筑物都笼上一层淡红色的光辉。

附近亚德里亚诺大街（Adrianou）和阿波斯托鲁·帕弗罗大街（Apostolou Pavlou）上有几家价廉物美的小餐馆。不妨去吃一顿地道的室外午餐。

· 瑟西欧区（Thissio），艾默大街（Emou）148号

· 210 331 0137，210 331 4324

· 地图A3-4

· 地铁：瑟西欧站

· www.benaki.gr

· 4月至10月：每日早上8点至晚上7点；11月至3月：每日早上8点至下午3点

· 门票：2欧元

· 奥博兰德博物馆（Oberander）

· 4月至10月：每日早上8点至晚上7点；11月至3月：每日早上8点至下午3点

十大景点

1. 古城墙
2. 迪普利翁门
3. 庞培翁
4. 圣门
5. 战争英雄墓
6. 特利托帕特里人神庙
7. 迪克斯利欧墓
8. 大理石公牛
9. 赫基索的石龛
10. 奥博兰德博物馆

1 古城墙

这个环绕整个雅典古城的城墙由雅典统治者特米斯托克勒斯（Themistockles）于公元前478年下令修建。由于这个城墙为仓促中所建，其建筑材料全部来自城内，包括从墓地、神庙和房屋中拆下的大理石。

2 迪普利翁门

这个恢宏的雅典城区入口是古希腊最大的大门，来自底比斯、科林斯（Corinth）和伯罗奔尼撒半岛（Peloponnese）的大路在此交会，各种祭祀活动也在此举行。

3 庞培翁

庞培翁（右图）是为节日和宗教游行作准备的地方，特别是每年举行的泛雅典娜节（Panathenaic）游行。游行结束后人们会将一件新的长袍敬献给巴台农神庙中的雅典娜女神。

圣路

4 圣门

这个圣门一直保存非常完好，一条圣路穿过这个圣门，游行中的圣徒和女祭司们通过这条路到达厄琉西斯（Eleusis，见111页）。门边有一个巨大的大理石雕狮身人面像。

前页为奥林匹亚宙斯神庙

5 战争英雄墓

这些高大的圆形坟墓林立在圣路两旁，它们修建于公元前7世纪，有可能是修建年代最早的纪念战争英雄们的墓地。大部分圆形坟墓中心放有大理石棺和祭品。

遗址平面图

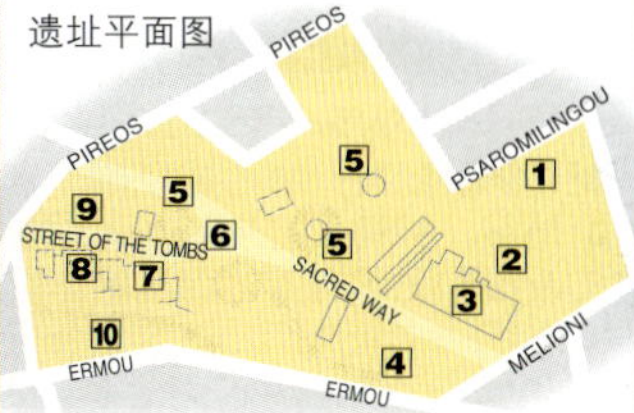

6 特利托帕特里人神庙

目前还不清楚特利托帕特里人的具体身份，但他们也许代表着亡灵，在祭祖仪式中被顶礼膜拜。

7 迪克斯利欧墓

这个大理石浮雕墓碑（上图）属于一个死于公元前394年的年轻马兵。在古希腊的墓碑上，死者往往和他在世的亲人同时出现，表示他的亲人在向他作最后的告别。

8 大理石公牛

这个克里特斯的迪奥尼索斯墓上的大理石公牛也许是这里最有名的雕塑。墓碑上的铭文告诉我们迪奥尼索斯（死者）生性善良，去世时还未结婚，他的母亲和姐妹为他感到哀痛。

9 赫基索的石龛

这个坟墓上的山形墙是公元前5世纪的阿提卡艺术最精美的代表作之一。死者赫基索是一位女性，她坐在一把椅子上，正伸手从一个盒子里拿一件首饰。这是一件复制品，真品现存放在国家考古博物馆内。

10 奥博兰德博物馆

这个小博物馆装满了各种令人惊叹的文物，包括一些坟墓残存的部分。展品中还包括表现了古代妓院中的一些香艳场景的陶器碎片。

古代陶器工人区

凯拉米克斯这个名字来源于凯拉米斯（Keramos）——陶器工人的保护神。据希腊旅游家帕萨尼阿斯（Pausanias，见37页）和其他古代作家记载，这个名字与散布在依瑞达诺斯河边历史悠久的陶器工人团体有关，这条河正好穿过这个遗址。凯拉米克斯博物馆收藏有精美的希腊瓷瓶和其他在凯拉米克斯遗址发现的陶器制品。

临近凯拉米克斯地区的景点和娱乐信息，请阅78～85页

TOP10 拜占庭博物馆

自476年罗马帝国的衰亡到1453年君士坦丁堡的陷落，拜占庭帝国一直统治着地中海地区。神秘又富庶的东正教教廷对拜占庭的政治和艺术有着最深远的影响，也遗留下来丰富的文化遗产。这个享誉世界的博物馆拥有1.5万件来自拜占庭时期的艺术品。

博物馆的正面和庭院

夏季博物馆外的庭院中经常举行音乐会。这里全年都会有免费的导游服务，但时间以及英语讲解服务的提供并不固定。最好打电话问一下讲解的内容及时间安排。

博物馆计划在2006年的夏季在馆内设立一间餐厅。在此之前，可以去克罗纳基区（Kolonaki）的普拉提亚（Plateia）大街上的餐厅或餐馆吃饭。

· 瓦西里西斯·索非亚大街（Vasilissis Sofias）22号

· 地图P3

· 210 723 2178

· www.culture.gr

· 依万杰里斯莫斯站（Evangelismos）

· 周二至周日：早上8点至下午3点

· 门票：4欧元

十大展品

1. 弹七弦琴的俄耳甫斯
2. 怀抱羔羊的牧羊人
3. 天使长迈克尔像
4. 手稿收藏品
5. 圣母玛利亚镶嵌画像
6. 珍贵的教会手工艺品
7. 主教教堂外墙壁画
8. 双面圣乔治像
9. 米蒂利尼岛珍品
10. 临时展品

1 弹七弦琴的俄耳甫斯

俄耳甫斯（上图）身边围绕着许多动物，象征着基督和他的门徒。这种将古代异教神话转化为新的基督教教义是拜占庭艺术的一个重要特点。

2 怀抱羔羊的牧羊人

这个公元4世纪的大理石雕像也表现了源于异教的基督教寓言。尽管这里的牧羊人代表基督，但其形象直接取自在卫城发现的一个雕像，这个雕像表现了一个男子正要将一头小牛作为祭祀品献给雅典娜女神。（其形象见第10页）

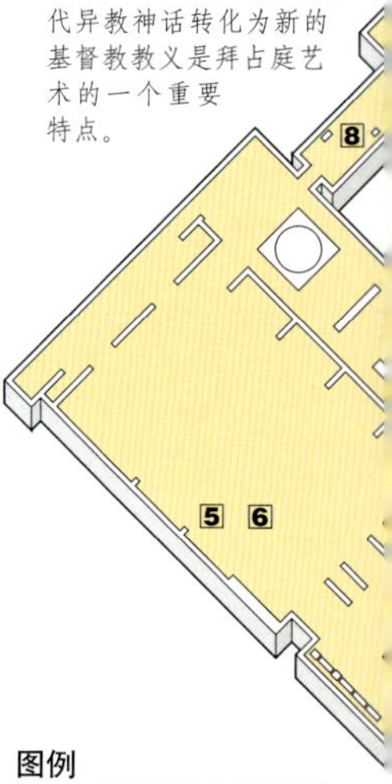

图例

上层

下层

3 天使长迈克尔像

这个14世纪来自君士坦丁堡的画像以金色为背景，表现了手拿节杖和圆球（象征陆地）的天使长迈克尔。

4 手稿收藏品

这系列收藏品中最引人注目的是一份14世纪的由安德鲁尼柯斯二世(Andronicus)签署的文件。

5 圣母玛利亚镶嵌画像

这个13世纪的镶嵌画（右图）主角为圣女玛丽亚和圣婴，后面的背景为金色，象征着神圣的光。那个时代的镶嵌画像如今非常少见：保存下来的只有40幅，所有这40幅画像，包括以上提到的这幅全部出自君士坦丁堡。

6 珍贵的教会手工艺品

这个展室内的展品有出自14世纪晚期的一个木质镀银十字架，饰有瓷制人像；一个10世纪的铜质圣杯；和一件14世纪的丝织圣衣，圣衣上以金、银丝线绣有圣人像。

7 主教教堂外墙壁画

这组壁画完成于公元10世纪到13世纪，以温暖、柔和的色调描绘了圣经中的一些场面。这些壁画的布局和教堂内壁画的布局完全一样，其正中心为十字架并绘有穹顶和前廊。

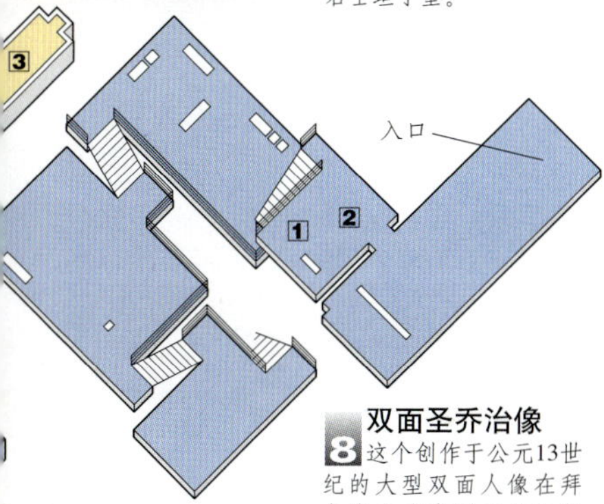

8 双面圣乔治像

这个创作于公元13世纪的大型双面人像在拜占庭文化中属于绝无仅有，因为它以三维立体的方式刻画人物且展现了人物从头到脚的全部身体。

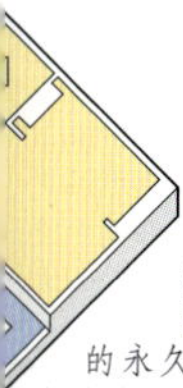

9 米蒂利尼岛珍品

这些展品以出自公元6世纪的银器、黄金珠宝和金币为主，全部发掘自米蒂利尼岛附近的一艘沉船。学者们认为这批价值连城的宝物本应被运往米蒂利尼岛并藏匿于此岛，但船沉后它们的主人再也没能将它们找回来。

10 临时展品

看完博物馆的永久藏品之后，不妨去参观一下临时展品展区（Temporary Exhibition Wing）。东正教教会正与世界各地的相关机构合作，在此展出从各地借来的稀有的拜占庭时期的手工艺品，其中就有来自著名的西奈山（Mount Sinai）上的圣凯瑟琳修道院的珍贵藏品。

亚里士多德学院

考古挖掘者们在博物馆邻近的遗址上发现了一些建筑物的残余部分，结果导致该地原有的建筑计划被搁置。后来这个废墟被证实为亚里士多德学院（哲学家们为了与柏拉图学院对抗而建立的学校）的遗址。这个遗址随即被拜占庭博物馆接管，并计划在2007年对公众开放。

本书写作之时该博物馆正在进行整修，展品的位置可能会有变动

TOP10 菲洛帕波斯山

菲洛帕波斯山是一座长满松树的小山，山上绿树掩映的小道通往形形色色记录历史沧桑的名胜古迹和神庙。菲洛帕波斯山古代又称为“缪斯之丘”，无数诗人从这个山丘获取了灵感。每年4月斋节的第一天，成百上千的雅典人会来到这里，举行传统的放风筝活动。

炮手圣迪米特里奥斯教堂

菲洛帕波斯山上看到的景色

尽管白天走在菲洛帕波斯山的林间小道上绝对安全，但天黑后尽量不要到那里去。

在炮手圣迪米特里奥斯教堂后面的树丛中有个叫做朗巴蒂厄里斯（Loumbardiaris）的小餐厅不错。

· 从狄奥尼西奥 · 阿瑞奥帕吉图大街（Dionysiou Areopagitou）进入（地图C5）· 地图B6 · www.culture.gr · 地铁卫城站 · 免费

· 多拉 · 斯特拉图舞剧场（Dora Stratou Dance Theatre）· 5月下旬至9月下旬：周二至周六晚上9点30分；周日晚上8点30分 · 剧场售票处买票 · 2103 244395

十大景点

1. 山顶风光
2. 菲洛帕波斯纪念碑
3. 苏格拉底被关押的监狱
4. 炮手圣迪米特里奥斯教堂
5. 普尼克斯山
6. 科勒大道
7. 阿吉亚 · 玛丽娜教堂
8. 老国家天文台
9. 山林水泽女神山
10. 多拉 · 斯特拉图露天剧场

菲洛帕波斯山

1 山顶风光

沿着树荫掩映的小路轻松地爬上山顶后，你也许不相信这么容易就能看到如此美丽的景色。在山顶能俯瞰整个卫城和延伸至大海的雅典南部。这里曾是古代将军们争夺的军事要地，今天更是吸引了无数摄影家在此驻足。

2 菲洛帕波斯纪念碑

罗马元老院议员加依乌斯 · 朱利叶斯 · 安提奥库斯 · 菲洛帕波斯（Gaius Julius Antiochus Filopappos）非常热爱希腊古典文化，他在雅典退休并于公元114年左右在此离世。希腊人建造了这个大理石墓和纪念碑以纪念这个参议员。纪念碑上表现了身着雅典人服装的菲洛帕波斯，身边围绕着他的来自罗马的家人。这个纪念碑面向卫城，部分已被损毁（左图）。

3 苏格拉底被关押的监狱

这里据信是苏格拉底被判死刑后囚禁他的囚室（见36页）。苏格拉底被命喝下毒芹汁时，他的学生都陪伴在他的身边。

4 炮手圣迪米特里奥斯教堂

1648年一个土耳其将军计划炮轰这座迷人的拜占庭教堂。但是闪电击中了他的大炮，因此这个教堂得名“炮手圣迪米特里奥斯”。

5 普尼克斯山

如果雅典是人类民主的摇篮，那么这个地方就是民主的诞生地。自从公元前508年雅典实行民主政治以后，首届民主议会每周在此聚会，最伟大的演说家们都曾在这里慷慨陈词。一座石灰岩建造的剧场将山谷一分为二（右图），剧场可容纳1万人。

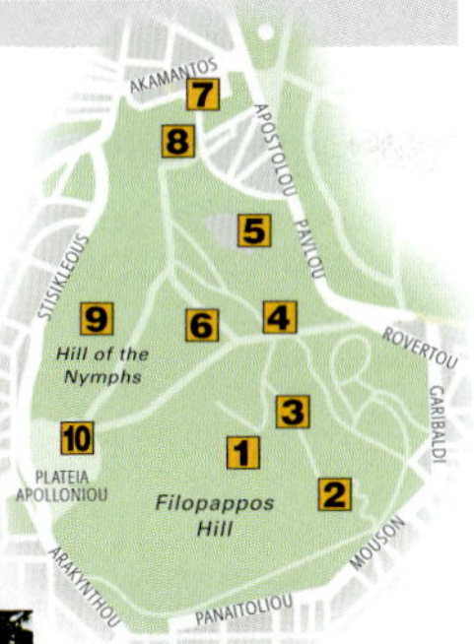

6 科勒大道

这条处于菲洛帕波斯山和普尼克斯之间的古老大道连接了雅典和比雷埃夫斯，沿古代长墙（建于公元前5世纪）修建。这是一条双向大道，8～12米（26～40英尺）宽，设有防滑凹槽。现又将道路拓长了500米（1600英尺）。

7 阿吉亚·玛丽娜教堂

圣玛丽娜是掌管生育和治疗孩童疾病的女神，因此怀孕的妇女会来到这里并从一个山道上滑下，祈求平安分娩。过去，母亲们还会带着生病了的孩子在这里过夜。每年7月这里都会举办纪念玛丽娜女神的多彩多姿的活动。

8 老国家天文台

这个希腊最古老的研究中心坐落在一座新古典主义风格的建筑中（左图）。这个天文台会观测天象和气候特别是地震，因为雅典偶尔会遭遇地震。

9 山林水泽女神山

古代希腊人相信艺术、音乐和诗歌女神居住在菲洛帕波斯山上。而这座小山则居住着宁芬女神（Nymphs）——掌管树木、田地和泉水的女神。

10 多拉·斯特拉图露天剧场

多拉·斯特拉图剧团在雅典各地旅行，学习并保存下来各地数以百计的具有地方特色的舞蹈。如今他们在剧场定期表演这些代表希腊传统艺术的舞蹈。

1687年围攻

在一次试图夺取被土耳其人占领的雅典的战役中，威尼斯人占据了菲洛帕波斯，接着炮轰敌人的战略要塞。不幸的是一发炮弹打中了巴台农神庙——土耳其人存放军火的地方，随之发生的爆炸几乎摧毁了这个卫城最宝贵的神庙和其中的神像。

TOP10 奥林匹亚宙斯神殿

这个敬献给万神之主宙斯的恢宏的神殿是希腊大陆上最大的神殿。神殿内安放着两座黄金和象牙雕琢而成的巨大神像：一座是宙斯，一座是罗马皇帝哈德良。尽管这座神殿最早动工于公元前515年，但政治动荡使神殿将近700年后才得以完工。为了感谢哈德良使神殿最终得以建成，公元131年雅典人在神殿的附近修建了一座两层拱门，拱门上刻有文字宣示哈德良对雅典的统治。

奥林匹亚宙斯神殿仅剩的石柱

要获得拍摄神庙柱头最好的光线，最好下午三四点钟来。

吃东西可以到街对面装修精致的埃格利（Aigli）餐厅和餐馆或是散布在公园内的各种小餐厅。

· 亚美里亚斯大街（Amalias）上的瓦斯.奥尔加斯街（Vas.Olgas）

· 地图L5

· 210 922 6330

· www.culture.gr

· 夏季：每日早上8点30分至晚上7点；冬季：每日早上8点30分至下午3点

· 门票：2欧元，或包括在进入卫城的门票中

十大景点

1. 奥林匹亚宙斯神殿
2. 哈德良拱门
3. 古代房屋遗迹
4. 特米斯托克勒大门
5. 罗马浴室
6. 瓦利瑞安墙
7. 阿波罗和阿耳忒弥斯神庙
8. 德尔菲尼翁的法庭
9. 克罗诺斯和瑞亚神庙
10. 宙斯神殿

1 奥林匹亚宙斯神殿

这个遗址多年来一直是祭祀宙斯的地点。在这个神殿修筑之前，这里还修建过不止一座纪念他的神殿。神殿原由104根巨大的石柱支撑，如今仅存16根。

2 哈德良拱门

罗马皇帝哈德良命人在这个拱门（下图）的西侧刻下了“这是雅典，即特修斯古城”，在拱门的东侧刻下了“这里是哈德良之城，而非特修斯古城”，从而表明了雅典古城和新城之间的界线。

3 古代房屋遗迹

古老的管道，地基和屋内物品都表明这些房屋建造于公元前5世纪到公元2世纪之间，而这正是从开工修建神庙到完工的时间。

4 特米斯托克勒大门

围绕神庙遗址的城墙是战略家特米斯托克勒于公元前479年命人修建的，以抵御波斯人的不断进攻。

5 罗马浴室

在"哈德良城"保存下来的众多遗迹中，哈德良新城的首批建筑当属这些复杂的地基（左图），实际上这是雅典城内保存最完好的罗马浴室。这些浴室都曾铺着彩色的马赛克地砖。

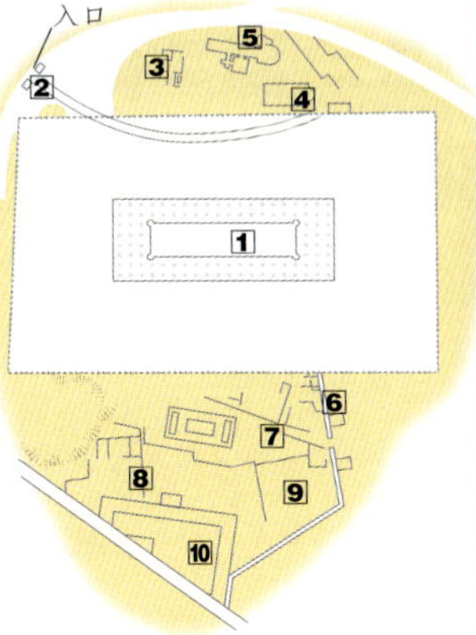

6 瓦利瑞安墙

罗马皇帝瓦利瑞安公元3世纪命人修建此城墙。为了提供修建城墙所需的大理石，城内多座神庙被拆毁。这些城墙曾短暂关闭，2004年重新对游人开放。

7 阿波罗和阿耳忒弥斯神庙

这座神庙是为祭祀阿波罗与阿耳忒弥斯这对兄妹而建，而他们的形象则是以海豚来表现。

8 德尔菲尼翁的法庭

这个法庭建于公元前500年，现在大部分已被破坏。这个法庭被认为是建立在特修斯的父亲——神秘的爱琴斯国王的宫殿上。

9 克罗诺斯和瑞亚神庙

这座敬献给宙斯的双亲的神庙建造于公元前5世纪，现仅存神庙的地基。瑞亚将宙斯从克罗诺斯的手中救出后，宙斯成为宇宙的主宰、众神之神。

10 宙斯神殿

哈德良发起了这个对泛希腊之王宙斯（即所有希腊人之王）的祭祀，并将自己与这个众神之王相提并论。人们在这个神庙内向宙斯和哈德良献上祭礼，后来为了修建瓦利瑞安城墙，这个神庙被拆毁。

为什么修建神庙耗时如此之长？

暴君裴西斯特拉托斯于公元前515年命人修建这座神庙以关押反抗他的雅典人。在他下台后，深具民主意识的雅典人拒绝继续修建神庙，认为神庙是纪念这个令人痛恨的暴君的象征。公元前174年，伊皮法尼的安提奥古四世开始继续修建神庙，但公元前163年这个皇帝死后修建神庙的工程又再次中断。直到公元124年哈德良进入雅典后，神庙才最终完工。

古代雅典

第二次世界大战时卫城中的德国军人

TOP 10 十大历史时刻

1 雅典的诞生

早在新石器时代（约公元前3000年）卫城开始有人类居住，而整个城市的形成则始于迈锡尼（生活在希腊东南部大陆上）文化时期，即公元前1400年。

2 黄金时期

公元前6世纪和前5世纪雅典城邦得到极大的发展。在柏利克里（Perikles）统治时期，雅典城内大兴土木，巴台农神庙、伊瑞克提翁神庙和胜利女神庙都是在这个时期修建的。这个时期雅典的文化和政治生活也非常繁荣，直到伯罗奔尼撒战争（公元前431-前404年）中被斯巴达人打败后，雅典才开始走向衰落。

3 罗马占领时期的雅典

罗马人对雅典的统治始于公元前146年，并持续了5个世纪。雅典人起初和罗马统治者保持了良好的关系，但公元86年一次试图使雅典获得独立的运动被罗马人血腥镇压。而罗马皇帝一直非常喜爱希腊文化，在希腊学者希罗德·阿提库斯（Herodes Atticus）的帮助下，他在雅典兴建了许多神庙和剧场，其中就包括这个希罗德·阿迪库斯剧场。

4 拜占庭时期

罗马帝国公元395年分裂为东、西罗马帝国后，希腊隶属于东罗马帝国，其后成为拜占庭王国的一部分。此时很多宣扬异教的哲学学校被关闭，一些神庙也被改建成为基督教教堂。

5 土耳其人统治时期

奥斯曼土耳其人于1458年占领了雅典，这个城市从而成为土耳其的一个省。1687年炮轰巴台农神庙后，威尼斯人曾短暂地占据了雅典。18世纪时，作为游学之旅（Grand Tour）的一部分，英、法两国的艺术家和作家来到希腊，标志着希腊文艺的复兴，但这些人也同时掠走了很多古老的艺术珍品。

6 希腊独立战争

1821年希腊人民奋起反抗土耳其人的统治，起初他们是独立作战，1827年他们得到了英国、法国和俄国的援助。尽管战争于1829年就结束了，土耳其人却直到1834年才撤出卫城。此时新国王奥托一世（Otto I）进入雅典，他将雅典定为新希腊国的首都，并在城内重建了大量新古典主义风格的建筑。

7 第二次世界大战

1940年10月，墨索里尼对希腊宣战。次年4月，德国军队进入雅典，并在卫城各地竖起了纳粹党的十字标记。第三帝国还将大布列塔尼饭店（Hotel Grande Bretagne，见140页）作为战时的德国占领军总部。

8 第二次世界大战后

第二次世界大战接近尾声时，由于政治时局尚未明朗，希腊爆发了内战。此时美国开始对希腊进行大量经济和军事援助，但附带条件是左翼共产党不能执政。20世纪50至60年代，希腊经济快速发展，大量人口从农村涌入城市，并导致山林农田被过度开发。

9 军事独裁

1967年4月，乔治奥·帕帕道普罗斯（Georgios Papadopoulos）

高扬的希腊独立战争旗帜

将军发动军事政变，标志着长达7年的军政府执政的开端。1973年11月17日学生举行抗议反对军事独裁，但军队对学生的抗议进行了镇压。他们占领了雅典工艺学校并枪杀了数名学生。但是1974年与土耳其作战试图夺回塞浦路斯的努力失败后，军政府因此倒台。

10 现代雅典

1981年希腊加入欧共体（现为欧盟），同年安德里亚·帕潘德里欧（Andrea Papandreou）成为首位社会党首相。1985年，雅典成为首个欧洲文化名城（European City of Culture）。2004年雅典奥运会的成功举办，标志着雅典的交通、体育和文化设施已经得到极大的改善。

十大雅典名人

1 雅典娜（Athena）

在古希腊神话中，雅典娜是雅典的保护神。（见38～39页）

2 特修斯（Theseus）

传说中的雅典王，他是年轻、美丽、智慧、好运和英雄主义的化身。

3 德拉科（Draco）

公元前7世纪，德拉科制定了第一部法典规定：即使是最微不足道的罪行也可判处死刑，此即严峻（draconian）一词的来历。

4 梭伦（Solon）

梭伦（公元前638－前507年）对德拉科的法典进行了修订，使之稍微宽容一点；他同时还立法使下层阶级也成为雅典的公民。

5 克里特利斯（Cleisthenes）

这是一位政治家，生活年代大致在公元前570到前507年，他废除了贵族统治，以一个民主的议会取而代之。

6 特米斯托克勒（Themistokles）

这是一位雅典将军，他提倡建立了雅典海军，以扩大帝国的版图。

7 伯利克里（Perikes）

伯利克里（公元前495－前429年）使穷苦的公民也能够进入议会，他下令修建了很多著名的建筑，使雅典更加富有艺术魅力。他还使雅典的版图得以扩张。

8 阿斯帕西雅（Aspasia）

公元前5世纪，高级交际花阿斯帕西雅在雅典以男性为主导的文化和政治圈中获得广泛的承认。

9 德谟斯特尼（Demosthenes）

德谟斯特尼（公元前384－前322年）曾患有口吃，他通过练习口含鹅卵石讲话，克服了这一问题并成为了希腊最伟大的演说家。

10 梅莲娜·梅尔库丽（Melina Mercouri）

这位广受爱戴的女演员（1925－1994年）参与了抗议1967至1974年的军政府统治，她后来当上了文化部长并发起了评选欧洲文化名城的活动。

了解雅典伟大的哲学家和作家，请阅36～37页

柏拉图的盛宴

欧里庇得斯

亚里士多德

TOP10 十大哲学家和作家

苏格拉底

1 荷马(Homer，约公元前700年)

对于这位创作了《伊里亚德》和《奥德赛》的吟游诗人，我们一无所知。因为这些诗篇是通过人们口耳相传才流传下来，它们毫无疑问是人类历史上最伟大、影响最深远的作品。

2 埃斯库罗斯(Aeschylus，公元前535－前456年)

当这位“悲剧之父”开始创作时，雅典的剧场还处于萌芽时期。他创作了众多角色，他的作品叙事简短、有力，语言庄重流畅，人物总是为了寻求宇宙间的正义不懈奋斗，他最著名的作品是《被缚的普罗米修斯》(Prometheus Unbound)和《俄瑞斯忒斯》(Oresteia)。

3 索福克勒斯(Sophocles，公元前496－前406年)

索福克勒斯的戏剧只有7部保存至今，但其中的3部就足以使他成为最伟大的剧作家之一，它们是：《安提歌涅》(Antigone)、《俄狄浦斯在农奴时代》(Oedipus at Colonus)和《俄狄浦斯王》(Oedipus Rex)。最后这出戏剧描述了一个国王在命运的摆弄下杀死了自己的父亲并娶了自己的母亲，这是希腊悲剧史上最伟大的杰作。

4 欧里庇得斯(Euripides，公元前484－前407年)

欧里庇得斯是古希腊悲剧三巨头中的最后一个，他对古代神话进行了根本性的解构，其中的人物有着人性化的悲剧，和神灵或者命运无关。他最著名的作品《酒神的伴侣》(The Bacchae)和《美迪亚》(Medea)都是关于母亲杀死自己的孩子的故事。

5 苏格拉底(Socrates，公元前470－前399年)

尽管苏格拉底自己只字未留，他的教诲都记载在了史书特别是他的学生柏拉图的著作中，这些著作使他赢得了西方哲学先驱的称号。生活在雅典黄金时代的最盛时期，这位哲学家常常在市场内与人雄辩，但他最终竟以败坏雅典人的思想这一罪名被判处死刑。(见30页)

荷马

6 阿里斯托芬(Aritophanes，公元前447－前385年)

悲剧时代过去之后，这个最伟大的喜剧作家的作品就像是一股沁人心脾的清风，受到大众的欢迎。他创作的语言通俗、情节有趣的《女人的和平》(Lysistrate)，描述了交战中的雅典和斯巴达的士兵的妻子们拒绝和丈夫睡觉，直到他们停战。这出喜剧是有史以来最伟大的反战作品。

7 柏拉图（Plato，公元前428－前348年）

如果苏格拉底是西方哲学的先驱，那柏拉图就是西方哲学之父。他的著作，从早期记录苏格拉底教诲的对话录到后期的巨著如《理想国》，都激励着其后的每一次文化运动。

8 亚里士多德（Aristotle，公元前384－前322年）

他曾是柏拉图的同学，后成为亚历山大大帝的老师。他后来建立了亚里士多德学院，与柏拉图的学院进行对抗。他的《诗论》（Poetics）至今仍是最重要的文学批评著作，而他的《尼克马赫伦理学》则是最伟大的伦理学巨著之一。

9 尼古斯·卡赞特扎吉斯（Nikos Kazantzakis）

在卡赞特扎吉斯最著名的作品《佐巴的希腊人》中，现代希腊充满欢乐，甜蜜中又夹杂着苦涩。上百万人因此被吸引来到这片陌生的土地，以亲身感受它的魅力。而他的另一部作品《基督最后的诱惑》的基调则较灰暗。他对传统希腊神话大胆的续写中最优秀的作品是《奥德赛：一个现代续篇》（The Odyssey: A Modern Sequel）。

10 乔治·塞弗里斯（George Seferis，1900－1971年）

塞弗里斯是希腊第一位获得诺贝尔奖的诗人，他出生在士麦那（Smyrna），这座城市后来归属于土耳其。历史和被放逐的感觉成为他创作的灵感。以《奥德赛》为灵感创作的《神话故事》（Mythistorema）中，他将希腊辉煌的过去与黯淡的现在联系在了一起。

十大巨著

1 荷马的《伊里亚德》(Iliad)

这个长诗是有史以来最伟大的史诗，描述了特洛伊战争中的一个事件。

2 荷马的《奥德赛》

讲述了奥德赛从特洛伊回家的途中遭遇塞壬（sirens,用美妙歌声引诱水手进入危险水域的一群女妖）、宁芬女神和独眼巨人（Cyclops）的冒险故事。

3 埃斯库罗斯的《俄瑞斯忒斯》

一出关于古代希腊最混乱不堪的家族——阿特柔斯（Atreus）家族的杰出的三部曲。

4 索福克罗斯的《底比斯人的悲剧》(The Theban Tragedies)

一出悲剧，随着俄狄浦斯杀死了自己的父亲、娶了自己的母亲而缓缓展开。最好在探访德尔斐和底比斯的途中读这个故事。

5 柏拉图的《理想国》

这本书提供了治理国家最理想的方式，如今仍有其指导意义。

6 亚里士多德的《雅典法规》(Constitution of Athens)

一部将雅典的民主政治体制与古市场的建筑结构完美结合的作品。

7 修希得底斯（Thucydides）的《伯罗奔尼撒战争史》(History of the Peloponnesian War)

以一位雅典军官的语气按时间顺序叙述的一场战争。

8 希罗多德的《历史》

由"历史之父"编撰的希腊反抗波斯人，追求民族独立的历史。

9 帕萨尼阿斯的《希腊旅游指南》(The Guide to Greece)

帕萨尼阿斯是世界首位旅游作家，他将自己公元2世纪在希腊的游历都记载在这本书里。

10 尼古斯·卡赞特扎吉斯的《佐巴的希腊人》

一部尽显现代希腊风貌的小说。

了解希腊戏剧史上十个重要时刻，请阅64～65页

珀尔修斯杀死了美杜莎

雅典娜

宙斯和赫拉

TOP 10 十大雅典神话

1 雅典娜的诞生

宙斯使墨提斯怀孕后，得知即将降生的婴儿长大后会将自己废黜。为了阻止这件事发生，他将墨提斯一口吞下，但未出生的婴儿却仍然在他的头中生长。9个月后，赫菲斯托斯用斧头将他的头劈开，全副武装的雅典娜就从宙斯的前额跳了出来。

2 雅典的命名

雅典娜和海神波塞冬在阿提卡比赛，看谁能提供给雅典人最好的礼物，就能成为雅典的保护神。波塞冬将自己的三叉戟插进卫城山，结果地上涌出了泉水。但雅典娜却让地上长出了橄榄树。因此奥林匹亚山上的众神判定这座城市属于雅典娜。

3 埃利希特涅斯（Erichtonius）的诞生

赫菲斯托斯企图强暴雅典娜，却只是将精液洒在了她的腿上。雅典娜将精液拂到地上，就此长出了埃利希特涅斯（语意即“土地所生”）。雅典娜将他抚养长大并成为一名国王，他被认为是雅典人的祖先。

4 菲勒美拉（Philomela）被掠

埃利希特涅斯的儿子潘迪翁（Padion）有两个女儿，普洛克涅（Procne）和菲勒美拉（Philomela）。普洛克涅的丈夫蒂留斯（Tereus）将菲勒美拉劫走并剪去她的舌头。普洛克涅为了报复他，将他们的儿子杀死并派人送给了蒂留斯。随后这对姐妹向众神求助，菲勒美拉因此被变成了一只燕子，蒂留斯被变作戴胜鸟，普洛克涅则被变作了一只夜莺（日夜啼叫着“蒂留斯”）。

5 俄瑞斯忒斯（Orestes）的审判

俄瑞斯忒斯的母亲克吕泰涅斯特拉（Klytemnestra）谋杀了自己的丈夫阿伽门农（Agannemnon），俄瑞斯忒斯则为了报复将母亲杀死。为了逃脱复仇女神（Furies）的追逐，他逃到雅典。雅典娜判定他应该受到审判而非被杀死。俄瑞斯忒斯后来被宣告无罪。这次审判成为一个转折点，标志着雅典从血腥争斗走向了法治。

6 雅典娜和阿拉克尼

作为纺纱和编织女神，雅典娜决定帮助一个贫穷却富有才华的织工阿拉克尼。阿拉克尼获得了人们极大的赞誉，但他却将一切归功于自己，毫不感激雅典娜。因此雅典娜提出和自己的被保护者进行一场编织比赛。阿拉克尼的作品描述了众神之间的不伦之恋；恼怒的雅典娜最后将他变作一只蜘蛛。

7 特修斯抵达雅典

特修斯是雅典国王爱琴斯的儿子，他从小就被带离宫廷并被

特修斯杀死牛头人身怪物

秘密抚养长大。16岁那年，他带着父亲留给他的一把剑只身前往雅典。途中他杀死了数十个危害阿提卡地区的怪物，后来他成为雅典最伟大的国王和英雄。

8 特修斯杀死牛头人身怪物

爱琴斯与自己的兄弟克里特国王米诺斯（Minos）发生争执之后，米诺斯要求雅典定期送上14对青年男女作为贡品，献给牛头人身怪物米诺陶（Minotaur）。有一年特修斯也成为贡品之一。在米诺斯的女儿阿里阿德涅（Ariadne）的帮助下，他杀死了牛头人身怪物，从而拯救了数以百计雅典人的生命。

9 爱琴斯之死

特修斯曾经告诉他的父亲，如果他成功杀死了米诺陶，在返航时他会将船上的黑帆换成白帆。但是由于过于兴奋，他忘了要这样做。正在苏纽角（Sounio）上眺望儿子归来的爱琴斯看到了船上的黑帆，他悲痛交集，纵身跳进大海结束了自己的生命（从此这片海域被叫做爱琴海）。

10 珀尔修斯杀死了美杜莎

珀尔修斯是宙斯与达娜厄（Danae）之子。暴君波力达克特（Polydectes）垂涎达娜厄的美色，珀尔修斯因此提出以蛇发女怪美杜莎的头换取母亲的安全。在雅典娜的帮助下，他杀死了美杜莎。回来后他将波力达克特变成了石头。从此雅典娜便将美杜莎的头放在自己的盾牌上。

众神与怪物

1 宙斯
他是巴台农神庙中地位最高的众神之神，掌管着天空。由于性欲极强，他是数百位英雄之父。

2 波塞冬
他是海神，宙斯的兄弟，有时候也是他最有力的对手。

3 雅典娜
她是宙斯的女儿，处女战神，同时也是智慧与哲学女神。她也是编织女神以及雅典的保护神。

4 阿波罗
这个英俊的音乐与诗歌之神统帅着众缪斯女神。

5 阿耳忒弥斯
阿耳忒弥斯是阿波罗的双胞胎妹妹，月亮和狩猎女神，终其一生都是处女。

6 阿芙罗狄忒
美艳动人的阿芙罗狄忒与阿耳忒弥斯截然相反——这个喜怒无常的女神风流韵事不断。

7 米诺陶
克里特岛王后帕西法厄（Pasiphae）利用波塞冬送来的一头公牛，创造了这个牛头人身的怪物。

8 独眼巨人
这些独眼巨人中最著名的当属普罗米修斯，在《奥德赛》中他被奥德赛弄瞎了一只眼睛。

9 塞壬
这些美丽的女妖用她们富有诱惑力的歌声，将奥德赛船上的水手们引诱到礁石密布的海滩，使他们被淹死。

10 美杜莎
任何人只要看一眼这个蛇发女怪，就会被变成石头。雅典娜给了珀尔修斯一面闪闪发光的盾牌，因此他能看见自己的敌人却不会变成石头，这样他才打败了美杜莎。

刻有三层桨座之战船的浮雕

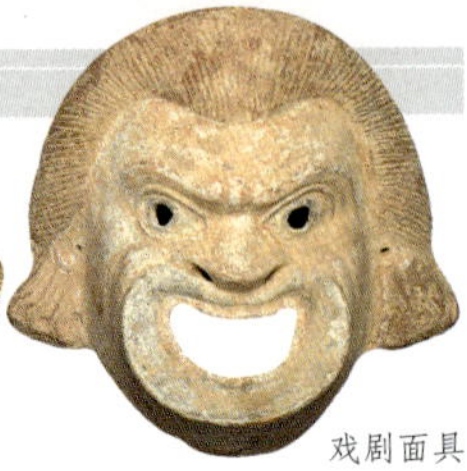
戏剧面具

TOP10 十大希腊发明

1 奥林匹克运动会 (Olympic Games)

人类有历史记载的第一次运动会是公元前776年在奥林匹亚平原上举行的。运动会是为祭祀宙斯而举行的，持续时间为一天，比赛项目是赛跑和摔跤。公元前472年又增加了拳击、徒手格斗、赛马和五项全能（包括短跑、跳远、标枪、铁饼和摔跤）。比赛时间也延长至5天，并且每四年举行一次。

2 雅典式三层桨座之战船 (Athenian Trieme)

这些战船是古代雅典造船技术（公元前700－前500年）的杰出代表，也是雅典拥有强大海上力量的根源。这些战船长约40米（130英尺），宽5米（12英尺），行驶速度很快，每小时可达12海里。战船由分布在3层船舱内的170名划桨手推动，一次只有一层水手划桨，3层之间交替工作，这样他们就不会同时累得筋疲力尽。战船上还配有船帆，作战时可以收起。

绘有比赛情景的双耳细颈椭圆土罐

3 民主制度 (Democracy)

民主制度（将权利交给人民）作为一种政府组织形式最早是由雅典人在克里斯梯尼（Cleisthenes 公元前590－前507年）的领导下创建的。这种制度规定所有在雅典出生的男性自由公民都可以参加在平尼克斯山举行的议会，从而参与政治决策。议会一年召开约40次，每次有6000多名公民参与投票。

4 戏剧 (Theatre)

人类最原始形式的戏剧表演是古希腊举行的一种祭祀仪式，公元前6世纪发展成为每年举行的戏剧比赛（见64页）。演出是白天时在露天圆形剧场进行的，演员佩戴一系列面具，以代表不同角色。最古老的戏剧表现的都是爱国主义，对神、自由和和平友好的敬重。

5 毕达哥拉斯定理 (Pythagoras's Theorem)

“直角三角形两直角边的平方和等于斜边的平方”，这个定理是由哲学家和数学家毕达哥拉斯（公元前582－前500年）发现的。（编辑注：在中国被称为勾股定理，远比毕达哥拉斯发现得早。）这个科学上的重大突破导致了数学、几何学和天文学领域的飞速发展。

6 希波克拉底誓言 (Hippocratic Oath)

这个誓言由希腊医学之父希波克拉底（公元前460－前377年）提出，誓言禁止医生实施堕胎、安乐死或其他任何非必要的手术，并且要求他们发誓不与病人发生不正当的关系和透露任何应当保密的信息。全世界的医生都要背诵这个誓言，直到世界医学会（World Medical Association）考虑到在誓言中提到古代希腊诸神有些不合时宜，才在1948年通过了一个更先进的《日内瓦宣言》。

毕达哥拉斯半身像

7 弹射器 (Catapult)

这个弹射器由锡拉丘兹（Syracuse）的老狄奥尼索斯（Dionysius the Elder, 公元前430－前367年）发明，它能将重物或箭弹射到很远的地方。占领了西西里岛（Sicily）之后，狄奥尼索斯就开始驱逐在岛上占多数的迦太基人（Carthaginians）。在这种弹射器的帮助之下他成功地使锡拉丘兹成了希腊属意大利最强大的城邦。罗马人后来又改进了他的发明，给弹射器加上了轮子使它们能随处移动。

8 阿基米德螺旋提水器 (Archimedes screw)

出生于锡拉丘兹的希腊数学家阿基米德发明了这个天才的水泵，也就是我们所说的阿基米德螺旋提水器。这个提水器其实是一根缠绕着水管的棍子，以一定的角度底部朝下斜插在水里，棍子的另一端有一个把手。当我们旋转把手时，整个装置开始旋转，水就这样通过水管被吸了上来。

9 希腊火药 (Greek Fire)

这是拜占庭王国为了与敌人的船只作战所使用的秘密武器。希腊火药是一种可燃性极高的胶状物质，通过堆放在拜占庭战船船首的铜管发射出去，并且无法被水扑灭。673年，在一次击退攻击君士坦丁堡的阿拉伯战舰的战斗中，首次使用了这种火药，直到1453年君士坦丁堡陷落之前，这种火药一直被广泛使用。科学家们至今对这种火药的具体配方还不太确定，只知道里面可能含有汽油，硫磺，石脑油和生石灰。

10 帕氏涂片 (Pap Smear)

自1943年以后，女性早期子宫颈癌可以通过一种称为巴氏涂片测试法的妇科诊疗方法发现，这种测试法是以它的发明者，一位在雅典受过教育的希腊裔美国医生乔治·帕潘尼克拉欧（George Papanicolaou, 1883－1962年）的名字而命名。

狄奥尼索斯剧场

菲狄亚斯所作的巴台农神庙中楣细部

国家艺术学院上的新古典主义风格的山形墙

TOP10 十大艺术风格

1 基克拉迪文明，公元前3200－前2200年

基克拉迪史前文明(Cycladic)在纳科索斯、帕洛斯、阿莫戈斯、桑托里尼和克洛斯各岛（这些岛屿在爱琴海中形成了一个圈，这种艺术风格因此而得名，cycladic在希腊语意中指圆圈）繁荣发展了1000年后就神秘地消失了。这个文明留下了数以百计的大理石雕像，其中大部分都是优雅端庄、棱角分明的小型女性雕像，也许是用于某些祭祀女神或祈祷丰收的祭仪中的雕像。

基克拉迪风格的女性雕像

2 克利特文明，公元前2000－前1400年

克利特岛的克利特文明的大致特点是感官而世俗的，崇尚自然和女性至上。这个文明的陶器作品通常都以自然为主题，并且以流动的线条来表现。他们经常以流动的线条来表现女祭司和各种动物。这种风格的艺术品中最吸引人的是绘有装扮艳丽、挥舞着毒蛇的女神的彩釉陶器和质地轻盈、雕刻细致的黄金饰品。

3 迈锡尼文明，公元前1500－前1300年

这个来自希腊大陆的文明好战而尚武，在某种程度上受到过克里特文明的影响。但这两种文明从本质上来说并不相同。迈锡尼文明崇尚战争，强调人民应该遵守秩序，军队经常四处掠夺，尤其是黄金。他们的宫殿中供奉着大量黄金装饰的长剑、匕首、酒杯，还有戴在死者脸上的黄金面具以及绘有战士形象的陶罐。

4 几何学风格，公元前8至7世纪

这种风格产生于黑暗时期（公元前1200年时，克里特岛和希腊大陆原有的文明被多利亚人扫荡殆尽，希腊基本上又回到原始社会晚期阶段，史书称为黑暗时期），这个时期的陶瓶常绘有几何图形以及抽象的三角形人像。这种风格最出色的代表作是存放在国家考古博物馆中公元前8世纪的一副巨大棺木，棺木上能看到最早期的“古希腊锁形”图案。

5 古朴主义风格，公元前7世纪晚期至5世纪

古朴主义风格是希腊纪念碑式艺术风格的开端，此时出现了最早的神庙和雕像。这时创作的希腊艺术史上最早的青年男女雕像叫做“柯洛伊”(koroi)，常用于宗教祭仪中，这些雕像在很大程度上受到了古埃及艺术风格的影响：线条僵直，肌肉和面部表情常常只是作为装饰，并不生动。

6 古典主义风格，公元前500－前320年

这一时期的雕像风格生动自然，强调精确、均衡、安定等理性化的表现。此时的神庙都按照精确的几何学比例修建，神庙上的浮雕雕刻细致、栩栩如生。这个时期的雕塑作品很多都出自希腊全盛时期的著名

扛小牛的男人，古朴主义风格

希腊化风格的青铜头像

雕刻家菲狄亚斯之手。

7 希腊化风格，公元前320－公元1世纪

此时古典主义风格已达到成熟阶段并逐渐走向衰弱，此时的雕塑作品受到了被亚历山大大帝征服的小亚细亚沿岸和邻近城市的部分影响。以雕塑家利西波斯(Lysippos)为代表的新风格开始形成，他所创作的美神阿芙罗狄忒，山林之神潘和酒神狄奥尼索斯等雕塑作品富有美感，人物动作夸张，表情丰富。

8 拜占庭风格，公元324－1453年

拜占庭时期的艺术作品几乎以基督教人物形象为主。色彩艳丽、丰富的镶嵌画，笔画，肖像画和宗教祭仪用品都由贵重金属制成，尤其以黄金为最多。这些作品手工细致，技巧高超，折射出了拜占庭王国的繁荣兴盛。

9 土耳其风格的影响，公元1453－1821年

此时，土耳其人统治下的文化和艺术活动受到了很大程度的压抑，但民间艺术仍然得到了一定发展。此时的艺术品结合了某些土耳其艺术品的风格，如精雕细琢的银饰品和华丽精美的地毯、织锦和刺绣并对其进行了改造。

10 新古典主义风格，1821年至20世纪早期

打败土耳其侵略者后，希腊艺术又回到了被占领前的注重比例均衡的古典主义时期风格。现代雅典最重要的建筑物都是依此时期的艺术风格建造，其中最著名的有雅典大学、雅典科学院和国家图书馆。

十大艺术专业术语

1 柯洛斯/柯尔 (Kouros/Kore)
希腊艺术史上最早的纪念碑式雕塑作品：柯洛斯（kouros）指青年男子，而柯尔（kore）指青年女子。其复数形式是柯洛伊（koroi）。

2 柱头（Capital）
立柱的头部成为柱头。希腊式的柱头主要有三种形式：多利克式（Doric），仅有一块方形顶板；爱奥尼亚式(Ionic)，柱头饰有精致的卷涡；科林斯式（Corinthian），以茛苕叶（acanthus）的方式来表现柱头。

3 女神列柱 (Caryatids)
即以女神的雕像作为立柱。最著名的当属卫城的伊瑞克提翁神庙中的女神列柱。

4 山形墙（Pediment)
柱顶楣构上的等边三角形山形墙，中部常饰以浮雕。

5 中楣（Frieze）
神庙山形墙下的横饰带，常刻有花朵、几何形状或其他装饰性图案。

6 双耳喷口杯（Krater）
大型陶制或青铜酒杯用于盛装酒和水，装饰精美。

7 黑色人像 (Black-Figure)
希腊最早期的陶罐装饰画：在红色的陶土上蚀刻出黑色的人形，创造出线条僵硬、整齐匀称的人像。

8 红色人像 (Red-Figure)
古典主义风格时期的陶罐装饰画上采用的最具革新性的画法：在红色陶土上绘出线条流畅、生动的人形。

9 壁画（Fresco）
在湿石膏上直接做画然后制成壁画。

10 肖像画（Icon）
拜占庭时期的基督教圣徒的肖像画，当时人们相信这些画具有神力，因此常以金粉绘制。

古代市场遗址

宪法区地铁站

凯拉米克斯遗址

TOP10 十大考古遗址

1 卫城

如果你只能在雅典待上一天，卫城是必去之地。卫城山上的神庙，尤其是供奉着雅典娜女神的巴台农神庙，2000多年来一直对西方建筑艺术有着深远的影响，至今仍引起人们无限的赞叹。

风神塔

2 新卫城博物馆

还未完工的博物馆是建在一个罗马时代后期、拜占庭时代早期的住宅之上。这个遗址内房屋林立，至少有一个喷泉和蓄水池，这在供水紧张的城内非常罕见。走在博物馆内的玻璃地板上可以从各个角度俯瞰整个遗址，同时还可以尽情观赏博物馆内陈列的早期考古发现。

希罗德·阿迪库斯剧场

3 奥林匹亚宙斯神殿

这个敬献给宙斯的巨大神殿于公元前515年开始动工，但历时700年才最后修建完成，在此期间在神殿的周围又修建了其他神庙、公共浴室和一个法庭。（见32～33页）

4 宪法区地铁站

20世纪90年代末，雅典开始有史以来最大的一次考古挖掘活动，这是为了修建一个推迟已久的地铁站动工而挖掘，主要目的是为了奥运会的举办创造条件。很多人担心这次时间紧迫的挖掘会影响地下的遗址。这个地铁站虽然非常现代化、宽敞明亮，通过玻璃幕墙乘客还能看到其下的遗址，并能通过对这个遗址的详细介绍对它有全面的了解。

5 罗马市场和风神塔

这是雅典最有趣的遗址之一。这里能看到公元前50年建造的巧夺天工的风神塔和公元1世纪建成的罗马市场，以及一间由土耳其人修建的清真寺。（见20～21页）

6 哈德良图书馆

哈德良于公元132年命人修建了这个富丽堂皇、科林斯柱式风格的建筑物。图书馆内大部分为大理石柱围绕的庭院，内有花园和水池。这里也有演讲室，音乐室和剧场。图书馆本身在东头，在那里你可以看到存放书稿的大理石架。（见80页）

波塞冬神庙

7 古代市场遗址

哲学家们曾在这里滔滔不绝地发表演说，商人们曾在这里讨价还价，政治家们曾在这里挥锤宣布人类历史上首个民主制度的诞生，长达600年来这里一直是城市的中心，也是雅典最受游客欢迎的遗址，其中包括希腊保存最完好的神庙——火神赫淮斯托斯神庙。（见12～13页）

8 凯拉米克斯遗址

这个地处古代雅典城市边缘的遗址决不能错过，这里能找到所有在城市边缘地带的活动留下的遗迹：公墓（为战争英雄们修建的圆形坟墓以及为伟大的政治家们雕塑的大理石塑像）、神庙、重要的道路、陶器作坊和妓院。这里也是逃避城市喧嚣的阴凉之地。（见26～27页）

9 凯萨利亚里（Kesariani）

这个建于11世纪的修道院位于伊默特山（Hymettos）上，周围柏树成荫，值得在白天到此一游（最好坐车来此）。修道院中的礼拜堂建于古代修道院的废墟上，墙上装饰着釉瓷砖和17世纪末期的油画作品。公羊头形状的喷泉据说能治疗不孕（见49页）。地图T2 · 电话：210 723 6619 · 周二至周日早上8点30分至下午3点

10 波塞冬神庙

这个敬献给海神波塞冬的大理石神殿坐落在苏纽角的顶端，周围则环绕着爱琴海，它是希腊最令人惊叹的景观之一。这个神庙建于公元前5世纪，2400年后诗人拜伦勋爵拜倒在它的脚下，并以它为名创作了多首诗篇，他还将自己的名字刻在了神庙内的一根石柱上。这里的景色在日落时，也就是景点即将关闭前最为壮观，也最令人难忘。苏纽路上雅典以南70公里（44英里）处 · 地图T3 · 电话：2292 039 363 · 上午9点至日落 · 凭票入内

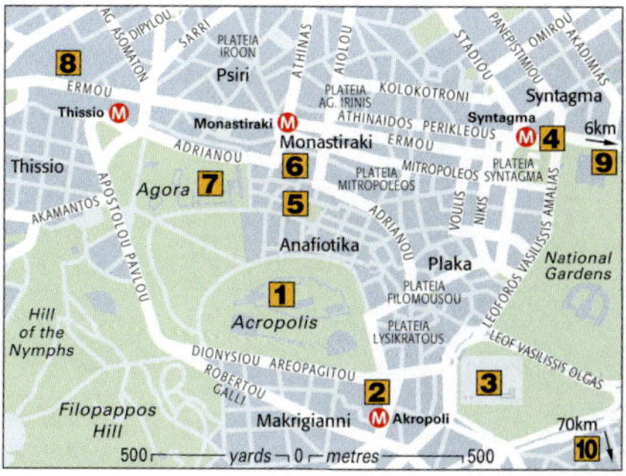

新卫城博物馆

贝纳基博物馆纪念品商店

战争博物馆

TOP 10 十大博物馆

国家考古博物馆

1 国家考古博物馆

世界上最重要的博物馆之一，馆内收藏了各种从古代到古典主义时期希腊文明中最精华的考古挖掘品。最不能错过的是公元前17世纪精美的壁画和史前迈锡尼文明时期流光溢彩的黄金制品。（见16～17页）

2 古代市场博物馆

这里展出的是从古代市场遗址中发掘出来的珍贵遗物，其中包括与人类历史上第一个民主制度有关的发掘品——一块镌刻着宣布民主政府而非暴政统治的大理石。（见14～15页）

3 希腊乐器博物馆（Museum of Musical Instruments）

希腊的乐器远不止《佐巴的希腊人》中提到的曼陀琳琴。尽管受到了土耳其和亚洲音乐的影响，希腊传统音乐仍然保留了自己独特的风格。这里展出的乐器包括刻有花纹的拜占庭七弦琴、象牙琵琶和吉普赛长笛。（见69～70页）

古代市场博物馆

4 新卫城博物馆

这个设计新颖的博物馆定于2007年对外开放，修建这个新博物馆的部分原因是为了更好地保存从卫城挖掘出来的大理石雕像，同时也是为了向英国政府施压，迫使他们归还从希腊掠走的巴台农神庙的部分大理石雕像，这些大理石雕像现存放于大英博物馆中。（见10～11页）

5 希腊民间艺术博物馆（Museum of Greek Folk Art）

这里展出了从1650年到今天希腊最具代表性的民间艺术作品，包括传统的织锦、刺绣、服装、皮影和不可不看的精美绝伦的金银饰品。博物馆另一个精彩展品是一间画满壁画的房间，壁画是由希腊著名民间艺术家特弗罗斯·卡特米赫尔（Theofilos Khatzmikhail）创作，这个房间是原封不动地自画家的家乡莱斯沃斯岛（island of Lesvos）搬来的。（见70页）

6 贝纳基博物馆

这个新古典主义风格的博物馆由贝纳基家族兴建，馆内一流的藏品展示了希腊文化、艺术从

古代到20世纪中叶的发展历程。（见22～23页）

7 基克拉迪艺术博物馆

这个爱琴海上的基克拉迪岛文明与早期埃及和美索不达米亚文明同时走向兴盛，但却产生了不同的成果：形状怪异但却优雅的大理石女神像。这些神像出现后的一个世纪，希腊艺术都遵循着这种风格不曾改变。这里的基克拉迪艺术藏品数量为全球之冠。（见18～19页）

8 拜占庭博物馆

这也是世界顶级博物馆之一，该博物馆拥有超过1.5万件藏品，全都来自最著名的拜占庭教堂和世界各地的修道院，藏品中包括雕塑作品、手稿、肖像画和珍贵的金、银、珠宝镶嵌的精雕细刻的神职用品。（见28～29页）

9 战争博物馆（War Museum）

这里展出了从古希腊至今的各种战争用品，有史前的战斧和从亚历山大大帝到希腊独立战争时期的作战图等。萨洛格拉斯（Saroglas）藏品包括中世纪的战剑、文艺复兴时期的盔甲、决斗用的手枪、刻有花纹的土耳其弯刀和日本武士刀。不幸的是，与这些藏品相关的信息少之又少，而且全都只是在希腊发现，在别的国家没有发现过任何有关这些藏品的信息。（见96页）

10 国家美术馆

这是希腊最重要的美术馆，展示了希腊艺术家们最伟大的作品。其中就有旅居西班牙的埃尔·葛雷柯（他在希腊的真名为多梅尼科·狄奥多科

拜占庭博物馆

布洛斯）创作的伟大作品。这个博物馆还举行了大量的巡回展览。万斯·康斯坦丁诺大道（Vans-Konstantinou）50号·地图F4·周一、周三至周六上午9点至下午3点，周日上午10点至下午2点·凭票入内

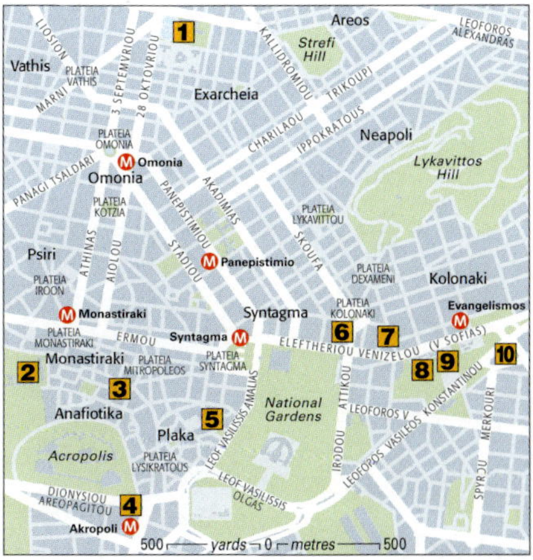

帕纳基亚·格里戈罗萨教堂

圣乔治教堂

TOP10 十大教堂

1 米特罗波利教堂(Mitropoli)

这个1862年修建的大教堂是希腊独立后修建的第一个大教堂。这里是希腊大主教的驻地，从而成为了现代希腊东正教教堂。尽管教堂内的彩色壁画和价值不菲的神职用品令人印象深刻，但教堂的建筑风格却并无太大特色。米特罗波利教堂的重要性在于其象征着希腊东正教教堂的中心。(见70页)

2 帕纳基亚·格里戈匹库教堂(Panagia Gorgoepikoos)

巨大的米特罗波利教堂使这个教堂显得相对矮小，因此帕纳基亚·格里戈匹库教堂（希腊语意为小米特罗波利教堂）在历史和艺术上的重要性远逊于它的邻居——米特罗波利教堂。帕纳基亚·格里戈匹库教堂建于12世纪，教堂下面是一个祭祀生育女神埃勒提娅的古代神庙的废墟。教堂的墙壁全部由罗马和拜占庭时期的大理石筑成，墙面上绘有古代节日日历的浮雕。(见70页的米特罗波利教堂入口照片)

3 卡普尼卡里亚教堂(Kapnikarea)

这个别致的小教堂以圣母玛利亚的名义修建于公元11世纪，教堂下面是一个古代神庙的废墟。这个教堂的设计是典型的拜占庭式的交叉中庭风格，东边有3个半圆形后殿，西边则是一个有圆柱的门廊。教堂内部饰有中世纪的马赛克镶嵌画。

卡普尼卡里亚教堂

浮现在帕纳基亚·格里戈罗萨教堂之上的米特罗波利教堂

(见80～81页)

4 莫纳斯特纳基教堂(Monistiraki)

这里曾是雅典最大的修道院之一，修道院内的教堂得名于邻近的莫纳斯特纳基区。19世纪的多次考古挖掘导致附近的几栋建筑物倒塌后，这个修道院又得名“小修道院”。该教堂于2006年上半年重新开放。(见80页)

5 帕纳基亚·格里戈罗萨教堂

如果你曾失去过某些宝贵的东西或正在寻找某个人，一定要到这里来。每到周六，这个著名的教堂都要举行礼拜仪式并招待大家品尝可口的法诺皮塔(fanouropita)蛋糕。吃下这些蛋糕能帮助找到你正在寻找的东西。风神塔边·地图J4·仪式举行时间：4月至10月：下午5点45分，11月至3月：下午4点45分

圣·艾卡特立尼教堂

6 圣·阿波斯托利教堂(Agias Apostoli)

这是雅典最古老的教堂之一，建于11世纪早期，其下是公元2世纪古代市场内的某个遗址。尽管这个教堂在土耳其人占领时期曾遭到严重的损坏，教堂内残存的壁画还是被保存了下来。地图J4

7 圣·艾卡特立尼教堂(Agia Ekaterini)

这座美丽的教堂修建于12世纪，残存的古典主义风格的立柱表明它也是建立在一个古代神庙的废墟之上，这个神庙可能是敬献给女灶神赫斯提(Hestia)的。这个教堂的很多五彩缤纷的壁画都经过了一定程度的修复。(见72页)

8 圣乔治教堂

圣乔治教堂坐落在现代雅典的最高点——利卡维托斯(Lykavittos)山顶，可以远眺萨罗尼卡湾(Saronic Gulf)、爱琴娜岛(island of Aegina)和伯罗奔尼撒海岸。教堂内外都会举行礼拜仪式。利卡维托斯山丘·地图P1

9 达夫妮修道院(Dafni)

这个美丽的修道院教堂建于公元6世纪，从始建之初到现在，这个教堂一直作为监狱、疯人院和军营使用，当然也是人们做礼拜的地方。和雅典各地的很多教堂一样，这个教堂也是建立在一个献给阿波罗的古代神庙之上。教堂内的壮观的马赛克镶嵌画和拱形圆顶重新进行整修，已于2006年重新对外开放。(见111页)

10 伊默特山上的凯萨利亚里教堂

这个建于12世纪的修道院坐落在雅典城外芳香扑鼻，绿树成荫的山坡上。现存的壁画都作于16和17世纪，院内奔涌的喷泉据说能治疗不孕。(见45页)

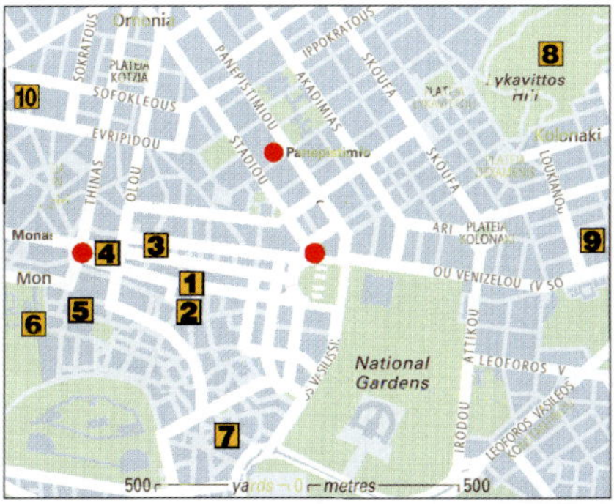

狄奥尼西奥·阿里奥帕基提欧大道

国家花园

从菲洛帕波斯山上俯瞰卫城景色

TOP10 十大漫步场所

1 狄奥尼西奥·阿里奥帕基提欧步行大道（Dionisiou Areopagitiou Walkway）

这个步行大道非常宽敞，两旁绿树掩映，连接了雅典中部所有主要的古代建筑遗址，大道上还散布着几个露天咖啡馆。

利卡维托斯山丘上的露天剧场

2 国家花园（National Gardens）

国家花园内蜿蜒曲折、郁郁葱葱的小道是散步的最佳去处。1839年这里还是一个皇室花园，园内种植着1.5万棵来自世界各地的花草树木；其中有些树木和花草至今仍在繁茂地生长。

3 利卡维托斯山丘

这个覆盖着松树的山丘上有几个景色宜人的步行小道。如果你精力充沛的话，可以顺着小道爬上山顶；如果你觉得爬山太累，可以乘坐缆车上山，然后慢慢走下山来，顺便可以在山脚下的咖啡馆内小酌一杯。（见97页）

斯特拉菲山上的景色

4 凯利德拉米欧和斯特拉菲山（Kallidromiou and Strefi Hill）

凯利德拉米欧是埃克萨尔谢地区的中心，尤其是在周六，整个地区的居民倾巢而出参加露天菜市场（Laiki，希腊语意为农夫市场）。欣赏一下街景，买些新鲜水果，然后走到附近的斯特拉菲山爬山，呼吸一下新鲜空气，吃些刚买的水果，这对身体健康极为有益。

5 帕萨利马尼（Pasalimani）

这个地处比雷埃夫斯的天然港口停满了渔船和快艇。你可以在码头附近散步，一直走到东边的航海博物馆，或是在天黑后来到这里，此时水边许多咖啡馆开始营业。（见103页）

6 菲洛帕波斯山（Filopappos Hill）

你可以沿着蜿蜒的小道走到许多不同的历史遗迹：两个拜占庭教堂，一个罗马纪念馆和雅典的老天文台。不仅如此，在这个树阴掩映的山丘最高处可以看到最辽

前页为埃尔穆大街古董市场中的摊位

佩蒂翁·图阿瑞斯公园

阔的景色和整个城市的全貌。

7 凯利马莫洛体育馆 (Kallimarmaro Stadium)

公元4世纪，参加泛雅典娜节的运动员们和1896年参加首届现代奥运会的赛跑运动员们，都曾在这个漂亮的大理石筑成的体育馆内奋力奔跑、挥汗如雨。习惯慢跑和散步的现代人也喜欢在这个能容纳7万名观众的体育馆顶部阴凉的大道上运动和散步。（见95页）

8 佩蒂翁·图·阿瑞斯公园 (Pedion tou Areos)

这个雅典最大的公园就像一个巨大的降温装置，能使城市的空气不那么燥热。老人们喜欢在公园的长椅上乘凉，孩子们则在雕像周围踢着足球。离开公园的时候，你还可以沿着公园内的散步小道看看道路两旁的希腊独立战争英雄半身像。（见89页）

9 埃尔穆街（Ermou）

这是一条商业街，可以先逛逛设计师们开的精品店和各大百货商场，街尾在周日则变成了跳蚤市场（见80页）。此外街边还有一些风格各异的二手家具店、古董店和特色商品店。

10 雅典第一国家公墓 (First National Cemetery of Athens)

游客可以在这个雅典最大的公墓里漫步，在一座座雕刻精美的陵墓前沉思。这里公墓里种满了柏树，因为人们相信柏树高大、尖尖的树形能引导灵魂升上天堂。地图D-E6

城内十大景色

1 奥利桑提斯餐馆 (Orizontes Restaurant)
从利卡维托斯山丘上的奥利桑提斯餐馆可以俯瞰城市最璀璨迷人的夜景。（见101页）

2 菲洛帕波斯纪念碑
从这里可以看到卫城的神庙或比雷埃夫斯和海边的壮丽景色。（见30页）

3 亚略巴古岩石
这个古代市场遗址上高大、陡峭的岩石几个世纪以来一直是雅典议会召开会议的地点。

4 莫纳斯特纳基区的亚德里亚诺大街
坐在街边的露天咖啡座上可以看到古代市场遗址上繁忙、熙攘的人群。

5 皮尔·波利餐馆 (Pil Poule)
这是一个充满浪漫气氛的餐馆（见84页），月光下这里看到的卫城景色最美。

6 埃克索（Exo）
站在这个时髦的屋顶酒吧可以一览卫城、利卡维托斯山和凯利马莫洛体育馆的全部景色。马库·莫索罗大街1号，埃克索餐馆

7 斯特拉菲山
斯特拉菲山最适宜不愿长时间爬山的游客，虽然比利卡维托斯山丘要矮，这里的景色却毫不逊于利卡维托斯山丘。

8 雅典塔 (Athens Tower)
这是雅典最高的建筑，这里虽然没有观景平台，但不管走到哪一层都能看到美丽的风景。美索吉恩路2号

9 凯萨利亚里修道院
这个秀丽的修道院坐落在雅典北部郊区树木繁茂的伊默特山上。（见45页）

10 潘特利山 (Mount Penteli)
国家天文台就坐落在这个雅典最北部郊区的这座山上，白天这里看到的景色已经很动人，晚上看到的景色则更加美丽。

卢米蒂斯咖啡馆

科利纪念品店

TOP 10 十大购物场所

1 克里斯多弗罗斯·科登特斯专卖店（Christoforos Kotentos）

这家专卖店是近年来希腊本国年轻的明星们最爱光顾的时装店之一。科登特斯的服装只要一上市就被抢购一空，他的顾客都是希腊最红的名人和社交名媛们。不妨到他的专卖店逛逛，顺便买一件具有科登特斯独特风格的时装。普西里区萨希特利街（Sachtouri）3号4层 · 地图B3 · 210 325 5434或210 325 5156

2 雅典跳蚤市场（Athen's Flea Market）

每个周日，城市的各个角落你都能发现这种跳蚤市场，如果你对古董颇有眼力，也许可以挑到货真价实又价廉物美的好东西。不过你得早点起床，上午11点以后再去就没有什么意义了，因为这时候大街上已经人山人海，大部分宝贝已经被人挑走了。（见80页）

雅典跳蚤市场

3 卢米蒂斯咖啡馆（Loumidis）

这是希腊现存历史最悠久的咖啡馆，是咖啡爱好者的天堂，这里供应最富希腊和土耳其传统特色的咖啡和制作咖啡所需的一整套器具。这里还出售产自世界各地的咖啡豆，以及制作蒸汽加压咖啡（espresso）的设备、咖啡杯、搅拌器和享受一杯香浓咖啡所需的所有装备。

4 齐特拉斯专卖店（Tsitouras Collection）

这里有最精致的玻璃器皿，最华贵的装饰品，质量最上乘的毛巾、盘子、餐具、床单、丝巾、领带和烟灰缸，这里的每件商品都印有金色桂冠标志，同时也是最奢华生活的象征。索罗诺斯大街（Solonos）80号 · 地图M1 · 基菲西亚区（Kifissia）D凯利亚库大街7号 · 地图T2

5 科利纪念品店（Kori）

科利专售旅游纪念品，以精美配饰和装饰品为主，它们都是希腊最富有才华、最优秀的年轻艺术家的作品。这里也出售各大博物馆内收藏品的复制品、传统陶器、肖像画和雕像复制品。米特罗波利斯大街（Mitropoles）13号 · 地图L3

6 卡拉万商店（Karavan）

这里的甜点有着让人无法抗拒的魅力，它的招牌果仁蜜饼和卡塔菲（Kataifi，由果仁、小麦及蜂蜜混合而成）在雅典口碑最

赞波拉吉斯画廊

好。沃卡利斯提欧大街（Voukourestiou）11号

7 赞波拉吉斯画廊（Zoumboulakis Galllery）

这个画廊展示的都是希腊最富潜力的年轻艺术家和已经展露头角的艺术家们的作品。作品都被编成画册并编号，每幅画上都有艺术家们的签名，定价也非常合理。克里佐图大街（Kriezotou）7号 · 地图M3 · 210 363 4454

8 埃莱娜·沃茨专卖店（Elena Votsi）

为国际知名品牌古琦（Gucci）工作三年后，埃莱娜·沃茨用自己富有创意的设计作品在国际上掀起一股流行旋风。她的最新作品已在伦敦、巴黎和纽约上市，但是只有在雅典她自己开设的专卖店内才能一睹她设计的全部作品。她的作品以黄金、天青石、珊瑚、紫水晶和绿玉为主要材质，其代表性作品是造型粗犷繁复的项链和带在指节上的套环。埃克森特大街（Xantou）7号 · 地图N/P2

9 莱娜·卡赞尼杜专卖店（Lena Katsanidou）

希腊的真皮制品世界闻名，而天才的年轻设计师莱娜·卡赞尼杜设计的作品精美绝伦，堪称第一。她设计的倍受追捧的皮带、胸衣和皮包全部选用最柔软、质量最上乘的皮革。这位设计师在科洛纳基区开设了自己的专卖店，店内还有印有设计师签名的单肩绸缎胸衣，别致的珠宝和各种款式的高级成衣。阿洛帕基思大街（Alopekis）17号和鲁吉亚诺（Loukianou）大街交会处 · 地图P2/3

10 科利斯（Korres）

科利斯品牌的总店是个并不起眼的小药店。这个以保护自然、保护环境、保护动物为宗旨的化妆品品牌起初并不知名，但现在已经风靡欧洲和美国。这里供应护发、防晒、脸部和全身皮肤护理用品，而且价格也很合理。这里的柑橘味香体喷雾、胡荽沐浴凝胶或是橘子花洁面露无不清香宜人，让人感觉神清气爽。和所有药店一样，这家店周六都不会营业（当然，和其他商店一样，这里周一和周三的午后也会关门）。埃拉特斯特诺斯大街（Eratosthenous）和埃维克大街（Ivikou）交会处 · 地图P5

卡拉万商店的标志

皮尔·波利餐厅

比乌·布鲁默餐厅

TOP 10 十大餐馆

1 斯邦迪（Spondi）
斯邦迪向来是美食批评家们一直推崇的雅典最好的餐馆，这里的烹调水准无懈可击。一定要尝尝这里搭配玫瑰花瓣的黑鲈鱼、香草浆和他们充满创意的各种甜点，如香蕉菠萝船上填满柑橘果汁冰激凌的睡莲、蜜渍橄榄、香草调味的橄榄油以及罗勒，藏红花粉和咖喱酱，味道好极了！派洛诺斯大街（Pyrronos）5号·地图E6·210 752 0658·€€€€

2 瓦迪斯（Vardis）
瓦迪斯是米其林评定的星级餐馆，也是雅典高级餐馆的典范，这里提供的法国菜堪称经典，服务也无可挑剔。糖煎菊苣和橙子配小牛肉这样的菜肴既是视觉上也是味觉上的享受。夏天在餐馆内池边的花园中进餐绝对浪漫无比。基菲西亚（Kifissia）区，德里吉亚尼大街（Deligianni）66号，潘特里克恩饭店·地图T2·210 623 0650·8月份休息·€€€€€

3 托·瓦洛库（To Varoulko）
2005年这家餐馆从比雷埃夫斯迁至加兹（Gazi），是雅典公认的最佳海鲜餐馆。这里的主厨莱夫特利斯·拉扎罗（Lefteris Lazarou）曾获得过米其林授予的星级厨师的称号。（见84页）

4 比乌·布鲁默
这里的主厨弗兰克-克里坦·让·德·格里利欧（Franco-Cretan Jean de Grylleau）曾是瓦迪斯的主厨，在这里他又将自己的厨艺发扬光大。像柑橘酱浸泡过的海鲷配冷意大利面这样的名菜不仅口味清新而且香味扑鼻，这里的葡萄酒也堪称希腊和法国最好的葡萄酒。基菲西亚（Kifissia）区，阿吉欧·迪米特利欧大街9号·地图T2·210 623 6780·€€€€

5 亚里斯特拉-迪克西亚（Aristera-Dexia）
这是一个旧工厂改造成的餐馆，这里的食物常常推陈出新。像沙丁鱼配天妇罗、无花果粉和柠檬蜜饯这样的菜肴，都是对希腊本土原材料以异国的方式进行烹调，确实非常独具匠心。加兹区，安德依尼库大街（Andronikou）3号·210 342 2380·7月和8月休息·€€€€

6 48号餐馆（48 The Restaurant）
这里光可鉴人的混凝土墙和地板，水上花园和五颜六色的彩灯已经使这家餐馆成了雅典最时尚的餐馆之一。安贝洛吉皮区（Ambelokipi），阿马特隆大街（Amatolon）和克利夫顿大街交会处48号·地图F2·210 641 1082·€€€€

皮尔·波利

餐厅价格分类参见75页

红餐厅

7 辛伯西欧（Symposio）
来这里可以一尝埃皮鲁斯(Epirus)北部有泥土香味的食物，因为这家餐馆的主人在那里有自己的农场。这里的野猪肉和鹿肉鲜嫩，可口至极，还有应季的小龙虾和野山蘑也同样鲜美无比。

8 艾多迪（Edodi）
这家餐馆没有菜单可点，只有最新鲜的原材料可供食客现场挑选然后点菜。菜色以精致的口感和出人意料的酱汁闻名，最出名的当属填满无花果的野鸡和意大利干酪烹制的龙虾。（见75页）

9 红（Red）
这家餐馆位于雅典娜斯（Athinais），店内只见红色的沙发、天鹅绒窗帘和石墙。在这个充满诱惑气息的地方，雅尼斯·特勒皮丝（Yiannis Tselepis）烹调出了雅典最具异国风情的地中海式美食，其登峰造极之作应属松香味腓里野猪排和鹅肝酱。卡斯托利亚大街（Kastorias）34-36号·210 348 0000·周日休息·€€€€

10 皮尔·波利
仅仅为了看一眼月光下的卫城，你就应该到这个餐馆来，但这里精美的食物和完美的服务将使你更加觉得不虚此行。一定要尝尝这里的龙虾配芒果和香槟，填满酸橙的海鲷以及巧克力煎草莓，它们和这里的浪漫的气氛都将使你终生难忘。

十大特色小吃店

1 卡拉维提斯（Karavitis）
孜然味的keftedes（希腊语意为肉丸）和酸奶黄瓜都是颇具传统特色的小吃。阿克提诺大街（Arktinou）和帕福山尼欧大街（Pafsaniou）交会处·地图P5·€

2 玛玛卡斯（Mamacas）
一个处于新兴工业区的传统小吃店。这里是名人们经常光顾的地方。加兹区帕西芬尼斯大街（Persephonist）41号·€

3 飞利普（Filipou）
处于雅典最繁华地带的老式小吃店。埃克色诺克拉托斯大街(Xenokratous) 19号·地图F3·€

4 巴卡利亚拉基亚·托·达米哥(Bakaliarakia tou Damigou)
这个藏在地铁内的百年老店以煎鳕鱼和店内古老的石柱而闻名。

5 瓦拉西斯（Vlassis）
这是几代雅典人都钟情的老店，这里的小菜堪称一绝。帕斯塔大街（Pasteur）8号和普拉提亚·马维利（Plateia Mavili）大街交会处·夏季休息·€

6 斯库费阿斯（Skoufias）
既保持了传统小吃的风味，又披上了流行的外衣。阿诺·佩特拉罗纳区（Ano Petralona），特鲁恩大街（Troon）63号·地图A6·9月至6月营业·€

7 斯特洛菲（Strofi）
这是一个花园式的屋顶小店，传统美味和现代美食在这里得到了完美的结合，不仅如此，这里还能欣赏卫城美不胜收的景色。（见75页）

8 普萨拉斯（Psaras）
这是普拉卡区少数没有遭到破坏的花园式小吃店中的一个。Erectheos大街16号和艾朗托克特提欧大街交会处·地图K4·€

9 弗兰特斯科斯（Frantzescos）
这个小店坐落在树丛茂密的基费西亚区，主要供应味道浓郁的亚洲风味小吃。基费西亚区斯卡亚托大街3号·地图T2·€

10 莫诺波利欧·阿瑟农(Monopoleio Athinon)
这是一个气氛轻松，富有现代气息的小吃店，周末通常会有希腊民谣表演。Ippothontidon和Kiriadon大街，Kato Petralona大街交会处·夏季休息·€

注：除特别标注外，所有餐厅均接受信用卡交提供素食

芭芭·雅尼斯餐馆

烤西红柿

大豆胡萝卜汤

TOP 10 十大希腊美食

1 烤鱿鱼（Grilled Octopus）

鱿鱼最好是当天捉，当天烤。在炭火上烧烤的同时在鱿鱼上挤一点柠檬汁，并在鱿鱼上浇上油和醋。烤好之后的鱿鱼鲜嫩可口，咸甜适中。

穆萨卡

2 羊肉派（穆萨卡，Moussaka）

这个典型的乡间炖菜可以做出无数花样，但最基本的原料一直是茄子和碎羊肉，再铺上一层层土豆和番茄，还可以加上一些桂皮调味的酒和调味酱，这道菜能给吃的人带来一种温暖的家乡感觉。

3 千层饼（皮特斯，Pittes）

这种饼是从土耳其和中东传至希腊的，它的原料是一种擀得极薄的生面，几十张这样半透明的生面摞在一起，刷上黄油或是橄榄油，再烤至浅黄色薄片。这种千层饼的馅料可以是甜的（蜂蜜，核桃和玫瑰果仁蜜饼），也可以清香扑鼻（菠菜和羊奶酪或是野菜）。

4 洋葱焖兔肉（斯提法多，Stifado）

这道香味浓郁，鲜嫩可口的兔肉炖菜源自希腊北部，那里的村民们每到冬天就会煮上一大锅这样的菜。兔肉通常先用孜然、丁香和肉桂腌过，但这道菜最特别的地方在于它的甜香，因为在烹制的过程中加入了大量的小洋葱。

5 乡村色拉（霍瑞埃提基，Horiatiki）

世界各地的餐馆都提供这道所谓的“希腊色拉”，但味道其实并不正宗。真正的乡村色拉只选用新鲜的原材料：自然成熟的西红柿、爽脆的黄瓜、多汁的红洋葱、青椒和纯正的卡拉马塔（Kalamata）橄榄，上面再铺上一层厚厚的羊奶酪，芳香的牛至（欧亚大陆的一种多年生唇形科草本植物，长有芳香的、可用于烹调的叶子）和鲜榨的橄榄油，只有这样才能做成一道翠绿夺目的乡村色拉。

6 烤肉卷（苏弗拉基，Souvlaki）

“苏弗拉”（Souvla）在希腊语中指“烧烤”，这是希腊人最喜欢的烹调肉类的方式。苏弗拉基则是一道大街小巷无处不在的希腊传统美食：将一块块的鸡肉、猪肉或羊肉放在肉串上炙烤数小时，肉中夹上大量酸奶黄瓜，以及洋葱和西红柿，最后制成热气腾腾、油光发亮的烤肉串。

7 烤西红柿（Gemista）

烤肉卷

“杰米斯塔”(Gemista)在希腊语中指“填充”。希腊人常常在西红柿、茄子、辣椒和甜瓜中填满各种配料，例如米饭、各种药草、薄荷、葡萄干、松仁和各种香料。他们还会在这些食物的

千层饼

上面涂上一层厚厚的柠檬酱，所以光吃完这道菜就已经让人很饱了。

8 大豆胡萝卜汤（法索拉达，Fassolada）

这是古代希腊人在冬天经常吃的一道菜，现在在希腊也颇受欢迎。这道汤的主要原料是大豆、胡萝卜、洋葱、西红柿和牛至，做法就是将这些材料放在锅里慢慢炖，直至将它们煨烂。然后在锅里撒上最关键的调料：鲜榨橄榄油。夏天这道汤放凉后常在下午作为餐前小吃食用。

9 烟熏羊肚（科科雷特斯，Kokoretsi）

按照新近通过的欧盟食品法，这道复活节上必不可少的菜肴现在已不允许售卖，但这不妨碍一些设在小巷内和旧式的小吃店向食客供应这道菜。它的做法是先将羔羊的肠子取出洗净，然后用药草，大蒜和柠檬汁浸泡，再将腌渍好的羊肠在煤火上烘烤直至烤出油来。

10 西红柿烩肉（科金尼斯特，Kokkinisto）

这道菜做法简单，却是非常经典的一道希腊美食，“科金尼斯特”在希腊语中意指“红烩”。通常是将羊肉或猪肉与西红柿、葡萄酒和药草在陶瓷锅内同时炖煮，这道菜香味浓郁，肉质松软，骨头上的肉只轻轻用叉子一拨就会掉下。

十大希腊经典饮品

1 茴香酒（奥苏酒，Ouzo）

希腊之所以是今天的希腊，正是因为这种酒的存在。如果你开胃菜吃得太多，不妨喝喝这种弥漫浓浓茴香味的烈酒。

2 齐普罗酒（Tsipouro）

这种酒是用葡萄汁过滤后剩下的葡萄果肉酿制而成，在冬天喝这种热过的高度酒最惬意。

3 松香葡萄酒（瑞齐纳，Retsina）

这种酒味道浓烈，伴有强烈的松香味，广受不同年龄、不同阶层的人们的喜爱。

4 西马酒（Hima）

这种酒通常由家庭作坊酿制，购买时直接从酒桶倒入购买者的酒罐或塑料壶内。

5 马弗罗达夫尼酒（Mavrodaphne）

这种酒在希腊语中叫作“黑色月桂”，色泽暗沉浓郁，与波尔多葡萄酒相似，酿造这种酒的最好的葡萄来自伯罗奔尼撒半岛。

6 圣乔治酒（阿基奥基提克，Agiorghitiko）

这种产自尼米亚（Nemea）的深色的、柔润滑爽的圣乔治酒是希腊酿酒业一颗冉冉升起的新星。

7 阿西尔提克酒（Assyrtiko）

这是希腊出产的最好的白葡萄酒，散发着金银花和无花果的香味——也是地中海地区最特别的葡萄酒之一。

8 萨瓦蒂亚诺酒（Savatiano）

希腊人最喜欢用这种白葡萄酒来配海鲜和色拉；也是各种小吃店内最常见的葡萄酒。

9 希腊咖啡

这种黑咖啡浓稠而香甜。可以叫一杯微甜的埃里尼克（elliniko）咖啡。

10 冰咖啡（Frappé）

这种冰咖啡是将速溶咖啡、牛奶和冷水搅打发泡而成。

利卡维托斯节

希腊独立日

TOP 10 十大节日和庆典

复活节烤全羊盛宴

1 主显节（Epiphany，1月6日）

在这一天所有的港口、船只和海滩都会接受“大海的祝福”。年轻人会潜入海中寻找牧师们投入海中的十字架；所有找到十字架的潜水员都会有一年的好运气。

2 希腊万圣节（Apokries，2月至3月）

希腊东正教万圣节始于复活节前第58天。届时将举行持续数天的盛大假面舞会。雅典的庆祝活动主要集中在普拉卡区，庆祝者和带着面具的音乐家们将把大街小巷挤得水泄不通。

3 干净星期一（Clean Monday）

四旬斋节的第一天，希腊人通常会到乡间去放风筝；这一天在雅典的菲洛帕波斯山上的天空将满是风筝。

4 希腊独立日（3月25日）

全副武装的军队将乘坐坦克，带着大炮进行游行，以庆祝被奥斯曼帝国统治400多年后，希腊于1821年赢得独立。

5 复活节（Easter）

这是东正教徒最重视的节日，其重要性远超过圣诞节。复活节星期五的晚上，人们会跟随鲜花覆盖着的棺木上耶稣的画像举着蜡烛进行游行，游行最后人们会进行祷告并放焰火（山区的民众则鸣枪庆祝）。星期天教徒们则会与二三十名亲友聚在一起食用烤全羊和染成红色的复活节彩蛋（红色代表耶稣死去和重生时流出的血）。

6 希腊节（Hellenic Festival，6月至9月）

古代希腊人曾在恢宏的希罗德·阿迪库斯剧场和埃皮达罗斯（Epidauros）剧场上演经久不衰的悲剧作品。如今，每年夏天全世界最伟大的歌唱家、舞蹈家和演员都会在这些举世闻名的剧场内进行精彩的表演。近年来一些知名的歌唱家如卢西亚诺·帕瓦罗蒂（Luciano Pavarotti）、哈莱姆福音合唱团（Harlem Gospel Choir）以及著名演员杰拉尔德·德帕迪

在埃皮达鲁斯剧场举行的希腊节

约（Gerard Depardieu）和伊莎贝拉·罗西里尼(Isabella Rossiellini)都曾在埃皮达罗斯剧场演出过最经典的作品。信息查询：www.greekfestival.gr

7 利卡维托斯节（6月至9月）
顶尖的音乐家如鲍勃·迪伦(Bob Dylan)、菲利普·格拉斯(Philip Glass）和比比·金（BB King）都曾在矗立于利卡维托斯山顶的剧场内进行过表演。信息查询：www.greekfestival.gr

8 摇滚节（6月）
这个为期三天的活动是希腊一年中最火爆的节日。活动中会有希腊和国际流行及摇滚音乐巨星进行表演。信息查询：www.greekfestival.gr

9 圣母升天节（8月15日）
圣母升天节在东正教中是重要性仅次于复活节的节日，这一天几乎所有的商业活动都将暂停，希腊妇女们拥到教堂，庆祝圣母玛丽亚升上天堂。

10 雅典马拉松（11月初）
来自世界各地的运动员们将追随费迪皮迪兹——古代希腊最受爱戴的长跑运动员的脚步进行长跑比赛。公元前490年，希腊人为了争得民主，在马拉松的一场历史性战役中击败了波斯人（见124页）。为了报告胜利的好消息，费迪皮迪兹跑了42公里（26英里）才到达雅典，最后力竭而死。而今天的赛跑运动员们在从马拉松到凯利马莫洛体育馆的途中可以随时停下来喝水，并且还能听到人们给他们的欢呼，从而缓解长途奔跑带来的疲累。

十大圣徒日

1 圣巴西略日（St Basil，1月1日）
这一天所有的家庭会聚在一起吃瓦西洛皮塔（Vasilopita），即圣巴西略饼，人们会在饼内放入硬币，如果谁吃到硬币就表示这一年都会有好运。

2 圣施洗约翰日（St John the Baptist，1月7日）
圣经中这一天约翰在约旦河中为耶稣施洗。很多地方的男人都会在这一天跳进河中，象征接受洗礼。

3 圣阿瑟那西奥斯日（St Athanassios，1月18日）
这天为了纪念东正教三圣父之一的阿瑟那西奥斯，许多教堂会对捐赠的礼物进行拍卖。

4 圣迦拿林保日（St Charlambos，2月10日）
这一天对希腊的所有医院来说都是重要的一天，因为这是他们纪念医生的保护神迦拿林保的日子。

5 圣乔治日（St George，4月23日）
所有的军人会在这天纪念这个屠龙者，因为他是军人的保护神。

6 圣迪米特里奥日（St Dimitrios，10月26日）
在帖撒罗尼迦（Salonika，即今萨罗尼卡，希腊中北部港市）会有最盛大的庆祝活动，因为迪米特里奥是这个城市的守护神，在这里这位殉教者的伤口因为没药的作用而消失得无影无踪。

7 圣凯瑟琳日（St Catherine，11月25日）
这个著名的殉道者是婴儿、少女和学生的保护女神。

8 圣斯特里亚诺日（St Stelianos，11月26日）
怀孕的妇女在这天会停止工作，祈求斯特里亚诺这个婴儿和分娩的保护神保佑他们的孩子。

9 圣巴巴拉日（St Babara，12月4日）
母亲们在圣巴巴拉日的晚上让自己的孩子睡在教堂里以保佑他们这一年无病无灾。

10 圣尼古拉日（St Nicholas，12月6日）
在各个岛上和海滨城市人们会举行庆祝活动纪念这个水手的保护神。

奥运会旗

设计师圣地亚哥·卡拉特拉瓦

雅典马拉乌斯的奥林匹克体育中心

TOP 10 十大奥运比赛场馆

1 雅典奥林匹克体育中心（Athens Olympic Sports Complex）

这是雅典奥运会最受瞩目的地方，这次奥运会的开幕式和闭幕式都是在这个经过扩建和整修后的综合体育场馆举行。此外，这里还举行了网球、体操、篮球（决赛）、游泳、跳水、水球和自行车比赛。西班牙设计师圣地亚哥·卡拉特拉瓦设计出了这个钢材和玻璃结构的圆顶。雅典市政府还计划将周围的区域设计成一个草木葱翠、充满艺术气息的公园。马拉乌斯的基菲西雅斯大街（Kifissias，Maroussi）

奥运会标志

2 古狄奥林匹克体育中心（Goudi Olympic Complex）

在这个综合场馆中举行的是五项全能比赛。这项比赛包括在一个容纳2000名观众的场馆内举行游泳比赛，在两个能容纳5000名观众的场馆内举行的骑车和赛跑比赛，以及一个能容纳4500名观众的场馆内举行的击剑和射击比赛。有时还会在一个临时性的能容纳5000名观众的场馆内举行羽毛球比赛。卡特迦基的古狄大街

3 卡利马莫罗体育馆（Kallimarmaro Stadium）

这个雅典中部的体育馆于公元前4世纪为泛雅典娜节中的体育比赛而兴建，后被废弃不用。但1896年这个体育馆被整修一新以迎接第一届现代奥运会的到来。2004年这里举行了箭术比赛，并作为马拉松比赛的终点。康斯坦蒂诺，瓦西尼奥斯大街

4 奥运会举重馆（Olympic Weight-Lifting Hall）

举重是希腊在国际体育比赛中的强项——悉尼奥运会上希腊独揽5枚金牌。举重比赛场馆是最早被规划作为2004年奥运会的比赛场地之一，举办者宣称这个能容纳5000名观众的场馆是世界上最大的举重比赛场馆。尼喀亚，拉力·佩特罗大街

5 法利隆海边奥林匹克体育中心（Faliron Coastal Zone Olympic Complex）

坐落于海边的和平与友谊体育馆能容纳1.4万名观众，是排球比赛场馆。另外两个海边的体育场分别能容纳1万和8000名观众，举办的是拳击、手球和跆拳道（希腊人非常热衷于这项运动）。此外还有两个沙滩排球场也分别能容纳1万和千名观众。法利隆大街

卡利马莫罗体育馆

雅典奥林匹克体育中心一角

6 希伦尼康体育中心（Hellenikon Sports Complex）

这个大型的体育中心原是雅典的旧机场，其后为了2004年奥运会被改造成为一个体育中心。在这里举办了排球、棒球、垒球、击剑、手球、冰球、赛艇和障碍滑雪比赛。雅典市政府计划将这个体育中心改造成一个欧洲最大的公园，但是其中的一些土地将卖给开发商以资助这个项目。波塞冬大街

7 奥运会帆船运动中心（Olympic Sailing Center）

这个帆船运动中心是举办测试比赛的首个奥运场馆，2002年这里举办了一个国际性帆船比赛。帆船比赛是奥运会最刺激的项目之一，部分原因是因为每年8月会光临雅典沿海地带的强劲的梅尔特姆风，它将会给比赛带来不可预知的影响。雅典政府计划将这里改造成为一个能停泊1170艘船只的码头。圣克斯马斯大街

8 马可波罗奥林匹克马术运动中心（Markopoulo Olympic Equestrian Center）

所有跟马有关的东西都能在这里找到，包括一个能容下300匹马的马厩。这个中心的修建曾一度延迟，因为考古学家们在这里发现了一个纪念阿芙罗狄忒女神的神庙。赛后这里计划被改造成为一个18个球洞的高尔夫球场。

9 奥运会赛艇和皮划艇运动中心（Olympic Canoe and Rowing Center）

赛艇和皮划艇比赛在一个2200米（7300英尺）宽的人工湖上举行，这里能容纳1.4万名观众。现在计划要将这里改造成一个环保区，相邻的则是一个考古公园，公园内展示的是修建运动中心的过程中发掘出的石器时代的文物以及从附近的马拉松战场上挖掘出的一些文物（见124页）。马拉松纳的西尼亚斯大街

10 阿加尼斯奥林匹克山地自行车馆（Acharnes Olympic Mountain Bicycling Venue）

自行车和山地自行车比赛是沿着帕尼塔山上一条蜿蜒曲折的路线进行的，这座山就在雅典郊外，景色优美迷人，游客常常到这里欣赏美丽的风光。帕尼塔山

皮影戏

玛丽亚·卡拉斯

TOP 10 戏剧和音乐史上十大重要时刻

1 祭拜酒神狄奥尼索斯的祭仪（The Rites of Dionysus），公元前1200—前600年

古希腊人每年春天都要举行祭拜这位美酒与欢乐之神的仪式，仪式上人们纵酒狂欢，尽享美食，还会服下一些让人心神俱失的药草。一队打扮成半人半兽森林之神的男子将吟唱酒神颂。这种酒神颂后来逐渐发展成为了叙事诗，也就是最初的戏剧。

酒神狄奥尼索斯

2 泰斯庇斯（Thespis），公元前6世纪

在所有的合唱小组中，有一个叫泰斯庇斯的具有创新精神的表演者从小组中脱离出来并给表演加入了一些个人独唱。这个创举被保留下来，新加入的这个角色就成了我们所知的主角——戏剧的主要人物，而合唱则成了主角的陪衬。

3 戏剧比赛（Drama Competition），公元前534年

公元前534年，雅典的统治者庇西特拉图（Pisistratus）规定将酒神祭仪变成正式的戏剧比赛，比赛每年举行一次。而泰斯庇斯赢得了首届比赛。

4 埃斯库罗斯（Aeschylus），首位剧作家，公元前472年

埃斯库罗斯在戏剧中引入了第二主角，即主角的对手角色，使戏剧的形式更加多样化。公元前472年埃斯库罗斯创作出了已知最早的戏剧《波斯人》（Persians）。

5 索福克勒斯（Sophocles）在戏剧比赛中打败埃斯库罗斯，公元前468年

索福克勒斯为繁荣发展的戏剧形式带来第三个创新，即引入了第三个角色。他还创作了被认为是迄今为止最伟大的悲剧作品——《俄狄浦斯·雷克斯》（Oedipus Rex）。

6 希腊皮影戏（Shadow Puppet），公元16世纪

经过了雅典戏剧的辉煌之后，希腊表演艺术陷入沉寂。然而随着土耳其人的入侵，希腊人开始接受一种具有东方特色的皮影戏。这些风格独特，色彩鲜艳的皮影戏极具讽刺性，其主角愚人卡拉乔兹斯（the fool Karaghiozis）常常挖苦自己的土耳其主人。

7 民谣（Rembetika）的兴起，19世纪70年代

当希腊人摆脱了土耳其人400多年的殖民统治后，首先发展的艺术形式就是民谣，这是一种相当于美国的布鲁斯（Blues）的音乐形式。这种民谣受到了小亚细亚地区音乐和乐器的较深影响，其歌词主要描述了生活的不如意：毒品、贫穷、情欲之爱和悲惨的生活。

8 歌剧女神玛丽亚·卡拉斯，20世纪五六十年代

玛丽亚·卡拉斯原名玛丽亚·卡洛格罗帕罗斯（Maria Kalogeropoulos），是歌剧的首席女主角。

要了解希腊早期剧作家的更多信息，请阅36～37页

这位脾气火爆的首席女主角曾因为其反复无常的怪脾气激怒了斯卡拉歌剧院（La Skala）和大都会歌剧院（the Metropolitan）的经理们，但是她天籁般的女高音和迷人的眼神却使数百万观众，其中还包括船王亚里斯多德·欧内西斯如痴如醉。

9 米奇斯·狄奥多拉奇斯（Mikis Theodoraki）

写下了划时代的动人歌曲，20世纪六七十年代米奇斯·狄奥多拉奇斯是希腊最伟大的现代作曲家，他在国际上也是声名卓著，并以自己的作品如《顿悟》和广受好评的《佐巴的希腊人》的配乐在自己的国家开启了一场文化的革命。在军人当政时期，狄奥多拉奇斯的歌曲被禁，他本人也被关进监狱，使他立刻成为抵抗运动的象征。

10 范吉利斯（Vangelis）的《火战车》（Chariots of Fire），1981年

希腊著名作曲家范吉利斯，他为一部关于奥运会赛跑运动员的电影《火战车》所做的动人心魄的配乐获得了奥斯卡最佳电影音乐奖。范吉利斯是国际公认的电子音乐和电影配乐大师，他在希腊更是万众瞩目的明星。

安东尼·奎恩在《火战车》中的表演

十大演出场地

1 希罗德·阿迪库斯剧场

雅典2000年来最重要的演出场地（见第9页）。帕尼皮斯蒂米欧大街39号·地图L/M2·210 322 1459

2 阿塔纳顿柱廊俱乐部（Stoa Athanaton）

雅典最受欢迎的民谣俱乐部（见93页）。欧摩尼亚区中心市场（拱廊内）·地图C3

3 国家歌剧院（National Opera）

这里已有些破旧，但仍是雅典人最爱去的地方。阿卡迪米亚斯大街（Akadimias）59-61号·地图L1·210 361 2461

4 国家剧院（National Theatre）

这里是希腊国家剧团的所在地，这个剧团表演的经典剧目一直备受欢迎。阿吉欧·康斯坦蒂诺大街（Agio Konstantinou）22号·地图B2·210 522 3242

5 安（An）

伊克萨奇亚区中心地带摇滚、瑞格舞和前卫艺术的主要演出场所。

6 洛顿摇滚俱乐部（Rodon-Live Rock）

曾是一家电影院，现在已被改造成一个硬摇滚和重金属乐队表演的最佳场地。（见93页）

7 麦格罗·慕斯吉斯剧院（Megaro Moussikis）

这里的音响效果极佳，世界上最好的管弦乐队、芭蕾舞和歌剧团都曾在这里表演。瓦斯·索菲亚斯大街（Vas Sofias）和柯卡利大街（Kokkali）交会处·地图G3·210 728 2333-7·夏季休息

8 利卡维托斯剧场

这个山边的剧场曾演出过世界上从摇滚到古典各类第一流的音乐作品。（见97页）

9 半分音符（Half Note）

世界上最顶尖的爵士音乐家到雅典都曾去表演过的地方。

10 埃皮达罗斯剧场（Epidauros）

在这个圆形剧场表演的都是最古典的戏剧作品（见119页）。门票可在希罗德·阿迪库斯剧场售票处买到

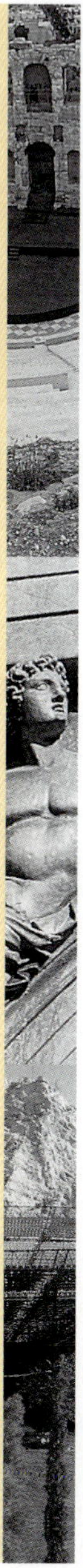

雅典十佳

分区逍遥游

雅典周边

奥林匹亚宙斯神庙倾倒的立柱　　普拉卡区的餐馆　　普拉卡区的街道

普拉卡、马可利加尼和库卡吉区

普拉卡蜿蜒曲折的中世纪小巷使得这个卫城脚下的老城区成了雅典最迷人的地方，自然这里也是游客们最爱探访的地方。因此每到夏季，这里的街道都充满了兜售商品的小贩和廉价的礼品商店。但是普拉卡还是有着令人惊喜之处，例如马可利加尼和库卡吉区就抖落了旧日的尘埃，更加日新月异。这里有着你不可不参观的博物馆、四星级的餐馆和最热门的酒吧。

TOP 10 十大景点

1. 卫城
2. 新卫城博物馆
3. 卫城遗址区
4. 罗马市场和风神塔
5. 希腊乐器博物馆
6 米特罗波利教堂
7. 希腊民间艺术博物馆
8. 菲洛莫索广场
9. 奥林匹亚宙斯神庙
10. 菲洛帕波斯山

卫城的雕塑品

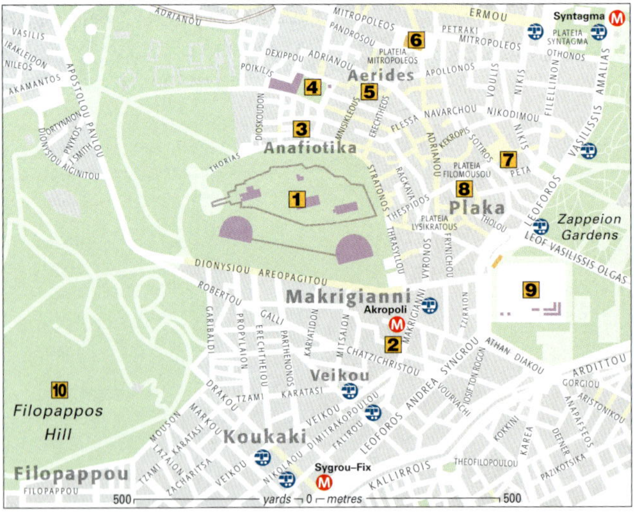

前页为德尔菲剧场

1 卫城

普拉卡就位于卫城山下，在普拉卡，游客能从各种角度看到山上的各种神庙。传说雅典娜（见39页）就是在这里打败波塞冬获得了对雅典的保护权，自公元前650年起这里就成了祭祀雅典娜的地方（见8～9页和44页）

卫城的巴台农神庙

2 新卫城博物馆

这个造价1亿美元、全玻璃幕墙的博物馆由国际知名的设计师伯纳德·曲米(Bernard Tschumi)设计，预计在2007年对外开放。这座博物馆的修建是为了给希腊最珍贵的宝物：卫城，特别是巍峨的巴台农神庙出土的大理石雕塑一个最合适的存放场所（在新博物馆开放之前，所有的雕塑仍然放在卫城遗址上修建的老卫城博物馆）。（见10～11页、44和46页）

3 卫城遗址区

卫城山的一角坐落着雅典最精致、最隐匿的居住区——卫城遗址区。这个建筑群是由来自阿纳菲（Anafi）的基克拉迪岛上的工匠修建，希腊独立战争后他们应召进入雅典为国王奥托修建王宫。他们非常思念自己的家乡，就决定在此重建一个小型的岛式风格、圆顶的蓝白相间的建筑群，这里的每个小楼都爬满鲜花和植物，小楼之间是蜿蜒曲折的小径。许多当年的阿纳菲工匠的后裔仍在这里居住。

4 罗马市场和风神塔

这个罗马市场由裘力斯·凯撒和奥古斯都下令修建，以取代原来的希腊式的市场，这两个君主的名字被镌刻在了雅典娜拱门的石柱上。但最令人惊叹的则是早于罗马市场100年即公元前50年的风神塔，即使在古代这个建筑物也是独一无二的：这个塔呈八角形，每个角上刻着一个人格化的风神和他的名字：北风之神伯利亚斯（Boreas），东北风之神凯基亚斯，东南风之神阿佩里奥特斯（Apeliotes），东风之神尤洛斯（Euros），南风之神诺特斯（Notos），西南风之神利普斯（Lips），西风之神泽弗洛斯（Zephyros）和西北风神斯凯隆（Skiron）。（见20～21页和44页）

5 希腊乐器博物馆

这个并不起眼的博物馆却收藏了很多珍宝。在这里你可以看到和听到中东和欧洲音乐对希腊音乐的影响，以及希腊人是如何将这些影响加以消化使之成为本国音乐的一部分。这些乐器本身就非常美丽，通常都镶嵌白银、

风神塔

米特罗波利教堂

象牙和玳瑁。这里也是人种音乐学的大学堂，游客偶尔还能够在博物馆的后院欣赏到音乐演出。（见46页）迪奥杰诺斯大街（Diogenous）1-3号·地图K4·210 362 9513·开放时间：周二、周四至周日上午10点至下午2点，周三中午至晚上6点·免门票

6 米特罗波利教堂

这个巨大、豪华的天主教堂是雅典最著名的地标之一。希腊大主教（也被认为是这个国家最有影响力的人）通常在此致辞，雅典上流社会的人士也常常在此举行婚礼和浸洗仪式。其实更具艺术价值的是这个教堂邻近的帕纳基亚·格里戈匹库（小米特罗波利）教堂，这个建于公元12世纪的教堂的墙壁全由罗马和拜占庭时期的大理石筑成，墙上绘有90个古代盛宴场面的浮雕。米特罗波利斯广场·地图K3·每日早上7点至晚上7点开放·免门票

希腊民间乐器

希腊民间艺术博物馆

拜伦勋爵

曾经在普拉卡居住过的名人中，最著名的当属热爱希腊的浪漫主义诗人拜伦勋爵（1780－1824）。在创作《哈罗德游记》时，他住在里斯克拉托斯广场上的圣芳济教会修道院。希腊独立战争时期，他走上战场为希腊独立而战。雅典人们为了纪念他，把广场外的一条街道以他的名字命名，这就是希腊的维伦纳斯（Vyronas）街。

7 希腊民间艺术博物馆

这个灯光昏暗、政府经营的博物馆不会获得什么大奖，但博物馆的5层楼内展示着丰富、精美的民间艺术作品，从装饰身体各个部位的珠宝到以金线和银线织就的巧夺天工的刺绣作品，应有尽有。这里还开辟了一个房间，墙上的壁画全部由希腊杰出的艺术家特弗罗斯·卡特米赫尔绘制。（见46页）凯达西奈翁大街（Kydathinaion）17号·地图L4·开放时间：周二至周日上午10点至下午2点·仅提供英语信息服务·凭票入内

8 菲洛莫索广场

每个到雅典来的游客都会经过这个绿树成荫的广场，广场边咖啡馆林立，有旧式风格的，也有时髦前卫的。一定要去特里斯塔图（Tristato）体验那里的维多利亚风情以及美味无比的茶点（见74页），或是到凯达西奈翁欣赏美丽的风景。你还可以到巴黎电影院（Cine Paris）看一场屋顶电影并且俯瞰卫城的景色，或是在石头铺就的广场中央找个长椅小憩片刻。越过广场上的绿树，你还能瞥见许多新古典主义风格的建筑物。地图L4

9 奥林匹亚宙斯神庙

这是雅典现存的最大的神庙，这个神庙有16根立柱，为祭祀宙斯而建。在明亮的阿提喀的天空的映衬下，这个神庙巍然耸立，

其宏伟庄严仍令人为之神移。神庙内有一个巨大的黄金和象牙雕凿而成的神像，这个神像是奥林匹斯山上宙斯神像的复制品，也是古代文明七大奇观之一。（见32～33页）

10 菲洛帕波斯山

与太阳炙烤的卫城山相比，松柏覆盖的菲洛帕波斯山是人们躲避酷暑，寻找清凉的好去处。这座山丘以十分热爱希腊的罗马参议员和执政官盖乌斯·尤利西斯·菲洛帕波斯的墓地和纪念碑而闻名，从这里也能看到从卫城到海边的广阔景色。每到夏夜，在绿树掩映下的剧场中，多拉·斯特拉图舞剧团都会进行希腊民间舞蹈表演。（见30～31页）

奥林匹亚宙斯神庙

普拉卡半日游

清晨

徒步去卫城，以避开正午的阳光和拥挤的人群。然后花一个小时左右的时间观赏山上的神庙。

从卫城山上下来后左转去狄奥尼西奥·阿里奥帕基提欧步行大道（见52页）。你游览卫城的门票可以让你免费进入狄奥尼索斯剧场，那里是许多经典的戏剧作品首次上演的地方。

回到步行大道后向右转去马可利加尼区参观新卫城博物馆（见10～11页）。然后去利斯卡拉托斯（Lysikratous）广场，这个广场是以公元前335年举行的一场合唱比赛的冠军的名字命名。

在某个绿树掩映、能够俯瞰利斯卡拉托斯广场的咖啡馆中品尝一下冰咖啡——欧·狄奥杰洛斯（O Diogenous）咖啡馆中看到的景色最美。

上午

从广场出发前往迷人的弥漫着19世纪风格的卫城遗址区（见69页）寻幽访胜。

到达普莱特尼欧大街（Prytaniou）后，在拜占庭式风格的圣墓教堂（Church of Holy Sepulchre）安静的后花园中漫步，并在教堂内点燃一支绽放着圣洁光辉的蜡烛。

在普莱特尼欧大街你可以选择右转到米尼斯克里欧大街（Mniskleous）去参观小巧但是精致的希腊乐器博物馆，或是左转去克里索托大街（Kyrristou）参观罗马市场和风神塔（见20～21页）。

最后，你可以返回欧·普拉特诺斯（O Platanos）餐馆（见75页），在巨大的悬铃树下享受一顿色鲜味浓的希腊式午餐。

圣·艾卡特立尼教堂

儿童艺术博物馆

犹太博物馆

TOP10 十大休憩之所

1 拉拉乌尼斯装饰品美术馆

珠宝设计师利亚斯·拉拉乌尼斯在这里展出自己设计的黄金饰品。卡利斯帕里大街12号·地图J5·周一和周四至周六：上午9点至下午4点；周日上午11点至下午4点，周三上午9点至晚上9点·凭票入内（周六上午9点至11点免费，周三下午3点后免费）

2 卡纳罗伯罗斯博物馆

在这个新古典主义风格的建筑内展示了卡纳罗伯罗斯家族收藏的种类各异、精美绝伦的古董。

3 圣墓教堂

这个美丽的拜占庭式风格的教堂据说发生过很多奇迹，复活节时人们聚集在这里用这里的圣火点燃蜡烛。普莱特尼欧大街和埃洛托克里托大街之间·地图K4

4 皮影艺术学习中心

几个世纪以来，希腊人都酷爱用皮影戏的形式来讲述一些滑稽故事或是抒发对时局的不满。在这个学习中心，皮影艺术得以生生不息地流传下去。特里伯顿大街（Tripodon）30号·地图K4·周日上午11点和下午5点

5 利西卡拉托斯合唱纪念碑

这个纪念碑建于公元前335年，以纪念在狄奥尼索斯合唱比赛中获胜的利西卡拉提斯（见64页）。利西卡拉托斯广场·地图L5

6 圣·艾卡特立尼教堂

这座美丽的拜占庭式风格的教堂是在一个古代神庙的废墟之上重建的，这个神庙的立柱仍矗立在教堂的后院。利西卡拉托斯广场·地图L5

7 弗利斯拉斯当代欧洲艺术博物馆

新建的博物馆收藏了3000多件战后希腊和欧洲最优秀的艺术家的绘画作品。Monis Asteriou Tasgari大街3号和7号·地图L4·210 323 4678·www.frissirasmuseum.com·周三至周四上午11点至晚上7点；周五至周日：上午11点至晚上6点·周六、周日中午12点30分有讲解服务·凭票入内

8 圣三一教堂

是雅典最大的中世纪教堂，建于1031年，现为雅典的俄罗斯东正教教堂。Filelllinon大街·地图L4

9 儿童艺术博物馆

这里展出的都是小艺术家的作品，他们有的在山区，有的在大都市，有些甚至在难民中心。Kodrou大街9号·地图L4·210 331 2631·9月至7月：周四至周六上午10点至下午2点，周日上午11点至下午2点·凭票入内（儿童免费）

10 犹太博物馆

这里的1.5万件展品讲述了犹太人在希腊的经历。尼基思大街39号·地图L4·210 322 5582·www.jewishmuseum.gr·周一至周五：上午9点至下午2点30分，周日上午10点至下午2点·凭票入内

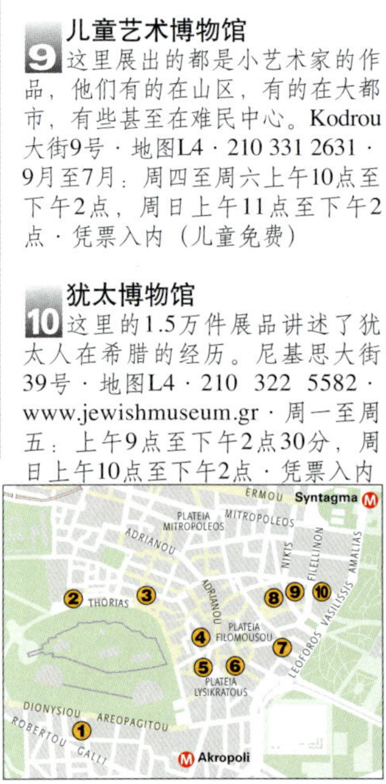

恩伯勒姆

欧·布里特斯

美索吉亚

TOP10 十大纪念品和礼品商店

1 希腊传统艺术品中心 (Centre of Hellenic Tradition)
这个状似一个山洞的仓库式商店搜罗了来自希腊各地的手工艺品。如果你只有时间去一家纪念品商店，就来这里吧。米特罗波利斯大街59号 · 地图K3

2 潘特利斯·芒蒂斯 (Pantellis Mountis)
这个商店的小房间内你可以买到精美的手工绘制的肖像画和祛病防灾的金币。阿波罗诺斯大街27号 · 地图L3

3 希腊地毯之乡 (Village Flokati)
这个商店出售著名的希腊手织厚绒粗地毯，制作地毯的羊毛全来自生长在山区的绵羊。米特罗波利斯大街19号 · 地图K3

4 科利 (Kori)
这个品味独特的小店出售各种各样的旅游纪念品，其中有些还是希腊声名鹊起的艺术家们亲笔签名的富有个性、限量发售的艺术品。米特罗波利斯大街和瓦利斯大街13号交会处 · 地图K3

5 拉利加拉克托萨洛普拉斯特欧 (Ilari Galaktozaharoplasteio)
这个店名翻译成中文就是拉利奶制品和糕点店，光是这个名字就足以让人垂涎欲滴，这里的希腊传统甜点更是美味可口。这个店的特色产品是老式布丁。亚德里亚诺大街112号 · 地图K3/4

6 恩伯勒姆 (Emblem)
这家商店专营以船为主题的艺术作品、各式手工艺品包括手工绘制的盘子、木制的小吃店招牌、排忧串珠和金、银首饰。马科利加尼大街15c · 地图L4

7 欧·布里特斯 (O Brettos)
一定要到这个酿酒作坊买瓶他们自制的奥苏酒，还可以在他们的小店内待上一会儿，品尝一下那里甜得出奇的叫做马斯提赫(mestiha)的饮品，还可以观赏屋檐下堆放的巨大的木桶（见74页）。凯达西奈翁大街41号 · 地图L4

8 美索吉亚 (Mesogeia)
这个小小的杂货店出售来自希腊各地的奶酪、橄榄油、橄榄果、葡萄酒、奥苏酒、药草和香料、茶叶，以及一些有机农产品。尼基思大街52号和凯达西奈翁大街交会处 · 地图J5

9 拉拉乌尼斯博物馆珠宝店
在这个著名的珠宝店能买到世界上最璀璨动人的黄金首饰。卡亚蒂顿大街(Karyatidon)和卡利斯佩里大街(Kallisperi)拐角处 · 地图J5

10 塞伦 (Sirines)
这个小商店内出售各色手工制作的排忧串珠、幸运符咒、钥匙圈、串珠手镯和耳环。马可利加尼大街3号 · 地图K6

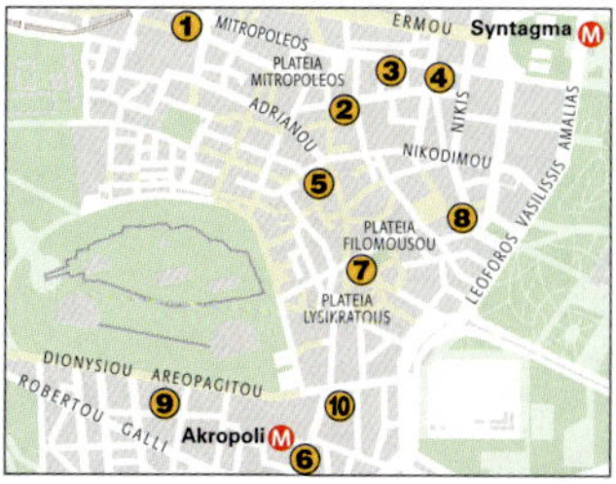

克里普斯德拉

梅莲娜

欧·布里特斯

TOP10 十大咖啡馆和酒吧

1 克里普斯德拉（Klepsydra）

这个面积不大、酒吧式的咖啡馆就在风神塔的后面，店外鲜花环绕，店内装饰色彩柔和。当地人都喜欢到这里来，因为这里非常幽静。特拉斯保罗大街·地图K4

2 梅莲娜（Melina）

这个以粉色和金色装饰的小店以已故希腊女演员和民族英雄梅莲娜·梅尔库丽的名字命名，这也是她生前最爱光顾的咖啡馆。亚里德斯区里西奥大街22号·地图K4

3 加拉克托波雷翁·阿马西亚（Galaktopoleion Amaltheia）

最好在一个下雨的夜晚来到这个舒适的小店。这里华美的古董镜，老式自动点唱机，各种各样的茶和噼啪作响的木炉子都会让人觉得无比温暖。特利波顿大街（Tripodon）16号·地图K4

4 欧·布里特斯

店内靠墙摆放着数以百计自己酿制、颜色鲜艳的烈酒，这些酒瓶就像不锈钢窗一样闪闪发光。这里的饮料也很好喝。凯达西奈翁大街41号·地图L4

5 欧伊奥诺斯（Oionos）

这是菲洛莫索广场上刚刚开张的一家咖啡馆，也是最有嬉皮风格的一家，爬满长青藤的外墙让人觉得很惬意。菲洛莫索广场阿格罗·格朗塔大街7号·地图L4

6 凯达特尼翁（Kydatheneon）

知识分子和当地人都喜欢到这个20世纪初风格的咖啡馆来，夏天他们在咖啡馆能俯瞰到菲洛莫索广场的花园里聊天，冬天则在石头垒成的餐室内闲谈。菲洛莫索广场·地图L4

7 托·特里斯塔图（To Tristato）

这里弥漫着的怀旧气息：盆栽的棕榈树，墙上的肖像画，粉色的珠帘——可能都会让你忘了到这里来的初衷是为了一尝这里富有特色的糕点和山地茶。阿格罗·格朗塔大街和代达罗大街交会处·地图L4

8 拉曼达（Lamda）

银色的两层楼高的投射着全息影像的墙壁，最前卫的欧洲电子音乐，以及像模特般英俊的男客人，使这里成了雅典最火暴的男同性恋酒吧。莱曼佩斯大街（Lempesi）15号·地图K6

9 迪拉克斯（Deluxe）

时髦华丽的迪拉克斯不乏光鲜亮丽的媒体精英们，他们最喜欢这里"60年代"风格的长沙发和活力四射的DJ们。二楼供应的食物也堪称美味。法利罗大街（Falirou）15号·地图C6

10 维尼（Vyni）

这是雅典仅有的几个啤酒花园之一，这里提供各种口味的新鲜啤酒和希腊特色的食物。德拉库大街10号·地图C6

欧·普拉特诺斯

伊甸园

价格分类

以每人	€	不到30欧元
三道菜及	€€	30～40欧元
半瓶酒，加上	€€€	40～50欧元
消费税和其他	€€€€	50～60欧元
费用来估算	€€€€€	超过60欧元

TOP 10 十大餐馆和特色小吃店

1 欧·普拉特诺斯（O Platanos）

这里柔嫩芳香的羊肉和自制的松香味葡萄酒自1932年以来就一直被奉为经典。迪奥基纳斯大街4号·地图K4·210 322 0666 周日休息·不接受信用卡·€

2 伊甸园（Eden）

是希腊第一家素菜馆，于1982年开业，一直是素食主义者的天堂。气氛清新愉快，毫不颓废。阿里德斯区（Aerides），Lyssiou大街12号·地图K4·213 324 8858·不接受信用卡·€

3 索里亚西欧（Scholiarhio）

尽管这家餐馆近年来有些刻意迎合游客的口味，它仍然保留了自己的一些特色。你可以拿托盘自行取用当天供应的食物。特利伯顿大街14号·地图K4·210 324 7605·不接受信用卡·€

4 埃里尼基·埃塔利亚（Elliniki Etairia）

这个精致的小午餐店内展示着一些文物，每天供应三款各不相同、色香味俱全的熟食。特利伯顿大街28号·地图K4·210 321 5218·周六、周日休息·€

5 巴卡利亚拉基亚·图·达米古（Bakaliarakia tou Damigou）

这个名字希腊语中指“鳕鱼”，140年来一直是当地人很喜爱的一道菜，吃的时候会放上浓浓的大蒜酱。凯达西奈翁大街41号（地下室）·地图L4·210 322 5084·不接受信用卡·€

6 达夫妮（Daphne's）

这是名人们最常光顾的地方，他们最爱在这个新古典主义风格的大厦里画满壁画的餐厅内吃饭。利斯卡拉托斯大街46号·地图B6·210 322 7971·€€€

7 辛伯西欧

这里有来自西北部埃皮鲁斯的当地特色的食物，大部分原料都出自餐馆主人自己的农场。（见57页）埃勒瑟西欧大街46号·地图B6·210 922 5321·€€€€€

8 斯特洛菲

这个屋顶餐厅的风光非常怡人，食物也比一般的小吃店要略胜一筹，店内常挤满了从附近的希罗德·阿迪库斯剧场出来的游客。洛瓦图·卡利大街25号·地图B5·210 921 4130·€

9 艾多迪（Edodi）

这是雅典最高级的餐厅之一，坐落在一幢名叫库卡基（Koukaki）的古老的大厦内。食物美味之极，只是地方太小，需要提前预订（见57页）。维科大街80号·地图C6·210 921 3013·€€€€

10 普萨拉斯（Psaras）

这个著名的小吃店坐落在去往卫城的台阶上。那里的墨鱼汤很好。埃勒瑟西欧大街16号和Erotokritiou大街·地图K4·210 321 8733·€€€

注：除非另有说明，所有的餐馆均接受信用卡并提供素食

ΨΗΤΟΠΩΛΕΙΟΝ
Το Κοσμικόν
GYROS
CHIKEN GYROS
SOUVLAKI
MIXED GRILL
SEA FOOD
GREEK SALAD

市立美术馆

希腊传统陶器博物馆

阿维斯尼亚斯咖啡馆

莫纳斯特纳基、普西里、加兹和瑟西欧区

几十年来，这个满是仓库和作坊的旧城区安静地坐落在那里，几乎被人遗忘，只有莫纳斯特纳基跳蚤市场才会让这个城区热闹起来，跳蚤市场内随处可见古董、做工粗糙的手工艺品和从阿维斯尼亚广场搜罗来的废弃物品。然而近年来这个中心城区便宜的房租、经过改造后格调前卫的旧工厂和略带颓废的风格首先吸引了一批艺术家在这里开设画廊，接着又出现了酒吧、咖啡馆和餐馆，使这个地区成了雅典城内最时髦的城区。然而，新近的繁华并没有掩盖这个城区原有的特色，手工作坊和工业化的大厦与鳞次栉比的咖啡馆、时尚的酒吧、希腊音乐夜总会和挤满了室外咖啡馆和酒吧的广场并存，除此以外，这里还有雅典最充满绿意的考古遗址——古代市场遗址和凯拉米克斯遗址。

阿维斯尼亚广场古董店

TOP 10 十大景点

1. 古代市场遗址和古代市场遗址博物馆
2. 泰克诺波利斯
3. 凯拉米克斯遗址
4. 雅典市立美术馆
5. 雅典跳蚤市场
6. 莫纳斯特纳基广场
7. 传统陶器博物馆
8. 哈德良图书馆
9 卡普尼卡里亚
10. 雅典娜斯

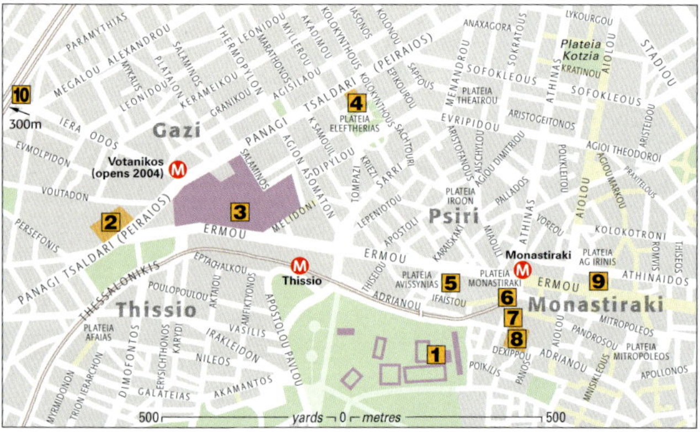

前页为普拉卡的餐馆

1 古代市场遗址和古代市场遗址博物馆

(Agora and Agora Museum)

这是希腊最有趣的考古遗址之一，苏格拉底曾在此“腐蚀”青年人的思想、圣保罗曾在此传道并感化了第一批教徒，人类第一个民主制度也是在此诞生。一定要去参观一下那里保存完好的火神赫淮斯托斯神庙，或者是重建后的阿特洛斯柱廊，也就是现在的古代市场博物馆。(见12～15页)

凯拉米克斯遗址中的迪米特利亚和庞菲尔的石龛

2 泰克诺波利斯

(Technopolis)

这个巨大的建筑物原是一个每天产生大量有害气体的铸造厂，邻近的加兹区因此得名（加兹与“气体”同音）。这里已被改造成为一个巨大的艺术中心，举办过顶级的艺术展、音乐会和其他艺术活动——因此这幢建筑物的新名字的意思就是“艺术之城”。改建成“艺术之城”后，大批时尚酒吧和餐馆的进驻使这个老城区再次充满了活力。可在《雅典新闻报》上查询各种艺术活动的详情。佩拉奥斯大街100号 · 地图A4 · 210 346 7322

3 凯拉米克斯遗址

(Kerameikos)

这个遗址就像是坐落在林立的工厂和五金市场之间的绿洲，也是阿提卡地区最古老、最大的考古遗址。这个遗址是雅典古城的城墙，圣路（Sacred Way）就横穿这个遗址。遗址外的这条路如今仍命名为圣路，然而这里的交通异常拥挤，各种作坊也人去楼空，这个名字因此显得有些名不符实。(见26～27页)

4 雅典市立美术馆（Athens Municipal Art Gallery）

这个美术馆展出了希腊20世纪最重要的艺术家的2355件作品。这些作品包括绘画和雕塑，也有巴伐利亚设计师欧内斯特·齐勒(Ernst Ziller)的几幅素描。齐勒负责了雅典最重要的几栋新古典主义风格建筑的设计。在这里你能看到他为国家剧院和雅典最恢宏的几处私人住宅——如今已被改建成博物馆和公共场所——所做的设计图。埃勒弗特里亚斯广场（Eleftherias）· 地图B3 · 周一至周五：上午9点至下午1点以及下午5点至9点，周日上午9点至下午1点 · 免门票

古代市场遗址

跳蚤市场

5 雅典跳蚤市场 (Athens' Flea Market)

每到周日早上，狭小破旧的阿维斯尼亚斯广场就会热闹起来，因为雅典最大、也是最丰富多彩的跳蚤市场在这里开张了，连广场周围的小路也挤满了人群。这里任何东西你都能找得着：粉色的土耳其玻璃酒杯，有100多年历史、现在还能使用的古董电话，精美的古董木桌，各种手工艺品和叫不出名字的小东西。在这里买东西一定要讨价还价。阿维斯尼亚斯广场和埃默大街交会处 · 地图J3

6 莫纳斯特纳基广场 (Plateia Monastiraki)

这个广场曾有一间公元10世纪修建的教堂和修道院，现存的教堂也是1678年修建的。广场内有好几栋建筑都曾为修道院所有，但后来被损毁。但从这一区的名字“莫纳斯特纳基”（意思就是小修道院）也能窥见当年修道院的辉煌。如今1678年修建的教堂得到翻修，定于2006年对外开放。而这个广场和地铁站也是于2004年才重新对外开放。地图J3

希腊传统陶器博物馆中的人像

犹太人聚居区

早在公元3世纪，普西里和凯拉米克斯就已经住满了希腊籍犹太人。1944年，纳粹占领了雅典，将一大半犹太人关进集中营；不过，犹太人聚居区还是逐渐恢复了起来，普西里也重新成为希腊犹太人生活的中心。

7 传统陶器博物馆 (Folk Ceramic Museum)

这是希腊传统艺术博物馆的一个分馆，坐落在一个18世纪修建的清真寺内。博物馆内种类丰富的藏品包括来自希腊各地及小亚细亚的颜色艳丽的陶制品、雕像和装饰品。绝大部分展品都是陶土制品和古代米诺安人最喜欢的彩釉陶器。阿瑞斯大街（Areos）1号 · 地图J3 · 210 324 2066 · 周一、周三至周日：上午9点至下午2点30分 · 凭票入内

8 哈德良图书馆 (Hadrian's Library)

罗马皇帝哈德良公元131年命人修建了这个华丽的“图书馆”（其实更像一个奢华的广场）。图书馆内有一个庭院，马赛克地面，音乐厅和存放图书的小房间。所有这一切都在华贵精美的科林斯立柱的包围下，对这个图书馆进行挖掘和重建后，这个遗址的一部分现已对公众开放（见44页）。地图J3 · 开放时间：夏季：每日上午8点至晚上7点；冬季：每日上午8点至下午3点 · 凭票入内

9 卡普尼卡里亚 (Kapnikarea)

在雅典漫步最大的乐趣就是，当你穿过一条拥挤的街道后，会突然在一群现代化的建筑中发现一间有几个世纪历史的小修道院。这个叫做卡普尼卡里亚的小修道院就栖身在繁华的商业街——埃尔穆街中。由于修道院是在一个纪念某个女神的古代神庙的废墟上建立的，修道院也担负了纪念这个女神的同一职责。卡普尼卡里亚和埃尔穆大街交会处 · 地图K3 · 开放时间：周一和周三：上

哈德良图书馆

午8点至下午2点，周二、周四、周五：上午8点至中午12点20分，下午5点至晚上7点，周日上午8点至中午11点30分·免门票

10 雅典娜斯（Athinais）
这里曾是一个丝织工厂，现已被改建成为一个时尚的针对高端市场的艺术中心。雅典娜斯有一家餐馆——红，以其新奇的食物和具有诱惑性的红色窗帘闻名（见57页）——以及一家博物馆、酒吧、音乐厅和老式的电影院。要获得相关活动的资讯请查阅《雅典新闻报》。沃坦尼克斯区，卡斯托里亚大街34-36号·地图A3·210 348 0000

卡普尼卡里亚

周日市场

上午

一早你可以去玛丽亚·卡拉斯雅典娜神庙（Athenaeum Maria Callas）（见82页）的后花园内享受一顿周日早午餐，就餐时还可以欣赏到著名的歌剧作品。

享受了美食和动听的音乐后，你可以去普西里区的斯塔夫罗斯·梅利斯诺斯（Stavros Mellissinos）的专卖店。他会为你量身定做一双希腊传统式样的便鞋。也许他还会向你介绍他写的很多书的英译本。

接下来可以去莫纳斯特纳基广场参观传统陶器博物馆。你还可以绕着已经关闭的哈德良图书馆走一圈。

午后

你可以去古代市场（见12～15页），这个宽阔的广场一直是雅典的中心。在那里待上一两个小时，一定不要忘了去参观保存完好的赫淮斯托斯神庙和重建后代阿特洛斯柱廊，这个柱廊现为古代市场博物馆。

既然已经热身完毕，现在你可以回到亚德里亚诺大街的阿维斯尼亚广场，在这个广场上的跳蚤市场你可以体验一下讨价还价的乐趣。尽管到了这个时候市场上已不会有什么物美价廉的古董了，剩下的只是一些工艺粗糙的手工艺品或不值钱的小玩意，你一定还是会抵抗不了诱惑买点什么的。

买完东西后，你可以去阿维斯尼亚斯咖啡馆休息一下（见84页），吃一顿长长的午餐。这个时候市场已经关闭，音乐已经响起，人们也开始喝点饮料，放松心情了。

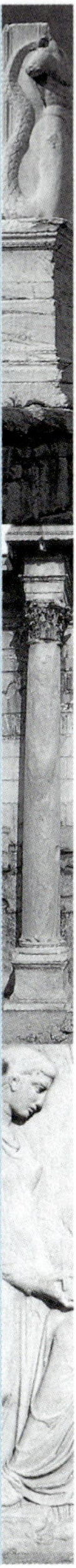

花市

埃鲁恩广场

TOP 10 十佳休憩之所

1 花市
圣埃瑞恩教堂周围有着数不尽的美丽的鲜花供你挑选，这儿也是照相的好地方。埃格·厄里尼斯广场 · 地图K3 · 每日清早到午后

2 阿提欧（Artio）
这是普西里区众多画廊中最负盛名的一间画廊，阿提欧以力推前卫的、概念性画家的作品而闻名。帕拉多斯大街3号 · 地图J2 · 周二至周五中午至下午4点和晚上6点至9点，周六中午至下午4点

3 埃鲁恩广场（Plateia Iroon）
这是凡到普西里区的游客必去的地方：这个广场周围满是时尚的酒吧、老式的小吃店和便宜得惊人的学生公寓。地图J2

4 普西里电影院（Cine Psiri）
这个开阔的露天电影院常常放映黑白影片和外国影片（原文发音，希腊文字母），《雅典新闻报》上有电影放映表。萨里大街40-44号 · 地图B3 · 210 324 7234

5 雅典第一间犹太教堂（First Synagogue of Athens）
二战前这里一直是雅典的犹太人聚集的中心。这间犹太教堂是雅典历史最悠久的一间。街对面的贝斯 · 萨莱姆（Beth Salom）教堂是如今犹太人在雅典聚集的地方。梅利多里大街（Melidoli）8号 · 地图B4

6 玛丽亚 · 卡拉斯雅典娜神庙
这间音乐学校以希腊人民的女儿——著名歌剧女神玛丽亚 · 卡拉斯的名字命名，每年这里都要举行玛丽亚 · 卡拉斯国际歌剧大奖赛。周日在这里吃早餐还能听到悠扬的歌剧作品录音。亚德里亚诺大街3号 · 地图B4

7 亚德里亚诺大街
在这条从瑟西欧地铁站一直延伸到哈德良图书馆的大街漫步时，可以尽情欣赏古代市场遗址和卫城的美景。地图K3

8 伯尼尔/埃利亚德斯画廊 (Bernier/Eliades Gallery)
雅典最知名的画廊之一，这里展出的国际知名艺术家的作品是全雅典之冠，当然这里也有希腊艺术大师们的作品。埃普塔贾库大街（Eptachalkou）11号 · 地图A4

9 贝纳基伊斯兰艺术博物馆 (Benaki Islamic Art Museum)
在这个俯瞰凯拉米克斯遗址的新古典主义风格的建筑中，4间庞大的展室内展出了伊斯兰风格的陶器、金属制品、木雕、玻璃器皿和纺织品。圣阿索马顿大街（Agion Asomaton）22号和迪匹罗大街交会处 · 地图B3 · 210 325 1311 · www.benaki.gr

10 伊拉克雷顿大街（Irakleidon）
这条街上咖啡馆、酒吧林立，在这里的白天和夜晚既能感受到怀旧气息也能感觉到都市的喧嚣。地图A4

街头小贩

雅典跳蚤市场

古董摊位

TOP 10 十大小商品和古董市场

1 巴哈市场（Bahar）
中央肉市场周围的整片区域都充满了老式的、家族式经营的小商店，售卖各种传统食品。巴哈市场上出售的药草最为有名。艾维皮杜大街（Eviripidou）31号 · 地图K2

2 帕拉奥波雷奥·亚历山德拉斯(Palaiopoleio Alexandros)
你永远不知道在这个堆满各种书籍、装饰品和虫蛀过的旧衣服中会发现什么宝贝。瑟西欧大街10号 · 地图B4

3 雅典跳蚤市场
这里兜售的商品，从古代的钱币、假冒著名设计师设计的太阳镜到镶褶边的灯笼裤和古董价钱都低得惊人。(见80页)

4 卡特琳娜（Katerina）
这个小店内装满了各种各样传统的木制西洋双陆棋棋盘。价钱最低的只要价10欧元。伊法斯图大街（Ifaistou）21号 · 地图J3

5 步兹和波尔特（Boots & Belts皮靴和皮带店）
这家店原本是为想要打扮成前卫时尚的女孩们而设，但你在这里可以挑一件自己喜欢的牛仔裤，只花300欧元店主潘特里斯（Pantelis）就会给你做一条同样大小、同样款式的皮裤。AG 特卡拉斯大街(Theklas) 12号（2楼）· 地图J3

6 斯普利奥波洛斯(Spiliopoulos)
顶尖设计师设计的鞋在这里只卖到零售价一半的价钱，为什么会这么便宜呢 · 因为这里的鞋要么是二手鞋（没有明显的瑕疵）要么是试验性的样品鞋。亚德里亚诺大街50号 · 地图K4

7 斯塔夫罗斯·梅利斯诺斯专卖店（诗人便鞋制作师）
于1954年开设了这个手工制鞋店，现在这里制作的鞋子的式样已经五花八门，这个小店也成了旅游者最爱去的地方。AG特卡拉斯大街2号 · 地图K3

8 马蒂诺斯古董店(Martinos Antiques)
这个古董店是希腊古董市场史上的一个传奇，这个3层楼的古董店搜罗了来自世界各地的家具、金银首饰、绘画、地毯、书籍和装饰品。潘德罗索大街（Pandrosou）50号 · 地图K3

9 亚里斯托科拉提克恩(Aristokratikon)
这里的巧克力只选用希腊最好的原材料，全手工现场制作，专供给会真正品尝巧克力的行家。卡拉格吉 · 塞维亚斯大街(Karageorgi Servias) 9号

10 卡利维奥提斯（Kalyviotis）
埃尔穆大街和佩里克利乌斯大街上针线、串珠和钮扣店比比皆是，卡利维奥提斯是其中最好的一站式购齐的缝纫用品商店。埃尔穆大街8号 · 地图L3

皮尔·波利餐厅

阿维斯尼亚斯咖啡馆

价格分类

以每人	€	不到30欧元
三道菜及	€€	30～40欧元
半瓶酒，加上	€€€	40～50欧元
消费税和其他	€€€€	50～60欧元
费用来估算	€€€€€	超过60欧元

TOP 10 十佳餐馆

1 爱奥利斯咖啡馆 (Café Aeolis)

到这个明亮时尚的餐馆来的多半是在此吃午餐的女士和作家们，稍晚一点人们会到外面的桌子上喝葡萄酒和鸡尾酒。艾奥罗大街(Aiolou) 23号 · 地图K3 · €

2 特纳西斯 (Thanassis)

这是雅典最著名的烤肉卷连锁店，烤肉卷又香又辣，是将薄薄的牛肉片涂上厚厚的凉大蒜酱然后裹在皮塔饼中，烤肉卷的历史可追溯到19世纪。米特罗波利斯大街69号 · 地图K3 · €

3 阿维斯尼亚斯咖啡馆 (CaféAvissynias)

周日下午人们喜欢在这个位置隐蔽的“美好时代”风格的咖啡馆中俯瞰莫纳斯特拉基市场上熙熙攘攘的人群。这里供应的是法式和阿拉伯风格的食物。阿维斯尼亚斯广场 · 地图J3 · 周一休息 · €

4 琴尼亚斯 (Qineas)

这是一个现代风格的小吃店，充满乐趣，也很好吃。可以与5个人一块分享一大份色拉，然后分享一个菠菜馅饼和香油烹制的鸡肉。埃索博大街9号 · 地图J2 · €

5 托·瓦洛库 (To Varoulko)

这家雅典最高级的鱼餐厅的菜单会随着捕来的鱼虾的种类而更换。店内装潢非常现代。皮勒奥斯大街80号 · 地图B3 · 210 522 8400 · 周日休息 · €€€€

6 皮尔·波利

从铺着红地毯的入口到有着大理石屋顶的花园（景致非常优美），优雅的环境与精致的法国-地中海式菜肴相得益彰（见57页）。阿波斯托洛·帕弗罗大街(Apotolou Pavlou) 51号 · 地图B4/5 · 210 345 0803 · €€€€€

7 吉特里诺·波迪拉托 (Kitrino Podilato)

这里的食物新颖独特，别具一格。不妨尝尝这里的熏鲑鱼配威士忌。普罗斯·波迪拉托是这家餐馆在比雷埃夫斯的姐妹店（见106页）。凯拉米克欧大街114-116号 · 地图A3 · 210 346 5380 · €€€€

8 希特拉 (Hytra)

斯邦迪（见56页）的主人将这家店面很小、以地中海式烹饪为主的餐馆带到了普西里区。那瓦霍·阿波斯托利大街 · 地图B4 · 210 331 6767 · €€€

9 玛玛卡斯 (Mamacas)

这里的小吃做得非常时尚，但其独特新鲜的口味一直没有变。加兹区帕西芬尼斯大街41号 · €€

10 亚里斯特拉-迪克西亚 (Aristea-Dexia)

从巧妙的入口到新颖的洗手间，一进来就会觉得很轻松。但这里真正吸引人的是美味的食物（见56页）。加兹区安德侬尼库大街3号 · 210 342 2380 · 7月和8月休息 · €€€€

注：除非另有说明，所有的餐馆都接受信用卡并提供素食

维扭

斯普利特酒吧

TOP10 十大热门夜总会

1 维扭（Venue）
这个夜总会分为3层，每层播放的音乐都不一样，这里是雅典最独一无二的俱乐部，可以随意进出。每到夏天这个俱乐部就会搬到海边去。艾格·埃勒欧西斯大街和卡库戈迪凯欧大街交会处 · 地图J2/3

2 埃里克斯·米特罗波利坦（Alekos Mitropolitan）
这个装潢为冷色调、银白相间的餐厅总是挤满了时尚男女，这种形式的餐吧最早起源于麦克诺斯。米特罗波利斯大街 · 地图K3

3 蜜蜂（Bee）
这里时时充满了充满艺术气质兴高采烈的顾客，他们最喜欢这里大胆的装饰风格，可口的食物和友好的气氛。米亚欧利大街和特米德斯大街交会处 · 地图J3

4 斯比利特
这个两层楼的俱乐部有着巨大的金色枝形吊灯，客人形形色色，不一而足。这里的环境温馨舒适，还有充足的空间让客人们随着摇滚或嘻哈音乐起舞。米亚欧利大街13号 · 地图J2/3

5 古巴尼塔（Cubanita）
夜晚这个夜总会将被严肃的西班牙和南美舞蹈者占据；如果你没法跟他们对决，就好好享受这里的古巴食物和音乐吧。卡拉阿斯卡及大街28号

6 特里欧（Thirio）
在这个由老建筑改建成的酒吧中，石头房子似乎一间接着一间，没有尽头，星星形状的灯和蜡烛使一切笼罩在昏暗的光线中，你要做的就是沉静下来欣赏那里的爵士音乐。勒潘尼奥托大街（Lepenioutou）1号 · 地图B4

7 费德里欧（Fidelio）
从天花板上吊下的粉白相间的装饰物，银色烛台上摇曳的蜡烛，古董家具以及各个年龄层的顾客，这是一个让人放松的好地方。奥吉谷大街（Ogygou）2号和阿波斯特利大街交会处 · 地图B4

8 斯普利特（Split）
每天午夜后，这里都会挤满模特和名人，他们在这个超酷的酒吧享受着地中海美食。只是门口对客人严密的检查令人望而却步。凯利兹大街3号 · 地图B3

9 灵魂（Soul）
这里的风格非常时尚、有趣又不会令人觉得拘束。这里有一个挂满中式灯笼的深红色墙壁和画满美丽壁画的后花园，看后会让人觉得惊艳不已。埃维皮多大街（Evripidou）65号 · 地图B3

10 米卡拉·亚细亚（Mikra Asia）
这个名字希腊语意为“小亚细亚”，是一个土耳其和亚洲风格的酒吧，有着低低的睡椅、软垫、红色灯光、彩色瓷砖和一幅巨大的图画，图画里面是一座希腊人至今仍叫作君士坦丁堡的城市。

伊克萨奇亚广场

雅典文化中心

斯特拉菲山丘

欧摩尼亚和伊克萨奇亚区

伊克萨奇亚区和欧摩尼亚是雅典最古老、最著名的居民区之一。尽管这两个城区都称不上风景优美，却在希腊历史，特别是近代史上占有一席之地。1973年，雅典工艺学校的学生在伊克萨奇亚区反对军政府的专制，受到严厉的镇压；但这起事件最终导致了希腊军事独裁政府的倒台。随着一个个咖啡馆在这里出现，受到学生政治运动遗风的影响，人们也爱在咖啡馆里点评时事，指点江山。这里也是聆听希腊式蓝调音乐伦贝提卡（rembetika）的好地方。伊克萨奇亚区以南是树木丛生、喧闹的欧摩尼亚区，这里的市场也是形形色色，热闹非凡。

国家考古博物馆

雅典艺术学院

TOP 10 十大景点

1. 中央市场
2. 卡拉特莫诺斯广场
3. 雅典城市博物馆
4. 雅典大学和雅典艺术学院
5. 欧摩尼亚广场
6. 伊克萨奇亚广场
7. 工艺学校
8. 碑铭博物馆
9. 国家考古博物馆
10. 佩蒂翁·图·阿瑞斯公园

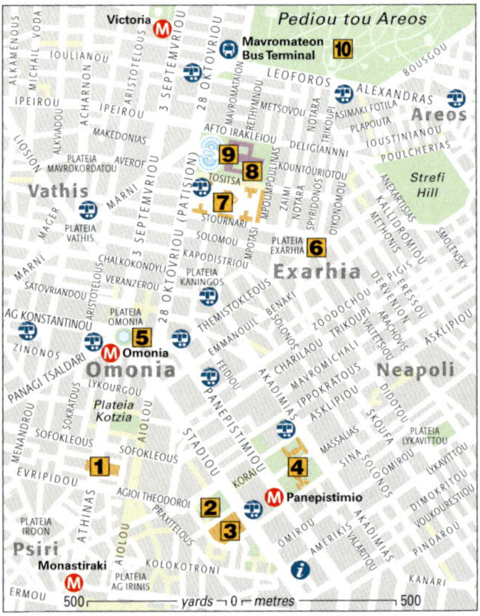

中央市场

已经成为一个讲述希腊现代历史（以独立战争时期<见34页>和王国成立后的早期历史为主）的博物馆，馆内收藏有大量绘画作品和家具。帕帕拉格波罗大街（Paparrigopoulou）7号 · 地图L2 · 210 324 6164 · 周一、周四至周日：上午10点30分至晚上6点，周三中午至下午2点 · 凭票入内

1 中央市场

这个巨大的肉类、鱼类和香料市场每天人声鼎沸，喧闹拥挤，除了最有洁癖的人，这里值得好好逛一逛。这个市场内还有几个餐馆和民谣酒吧，一直营业到第二天黎明。市场外的香料店中则终日弥漫着香草、藏红花粉和晒干的百里香的味道。地图K1/2 · 开放时间：周一至周六早上7点至下午3点

2 卡拉特莫诺斯广场

这个广场在雅典政治史上一直扮演着重要的角色。广场的名字来源于古代希腊语“哭泣”，因为希腊有一种传统：一旦政治家们选举失败会到这个广场来博取同情。这里也是举行集会、游行和音乐会的地方。

3 雅典城市博物馆

这是1834年雅典宣布成为新成立的希腊王国的首都后修建的第一处皇室住所。希腊的首位国王奥托一世将这所房子与隔壁的建筑联为一体，在第一所皇宫（现在的政府所在地）建好之前，奥托一直住在这里。如今这所房子

4 雅典大学和雅典艺术学院

雅典大学和雅典艺术学院以及国家图书馆（见90页）形成了雅典三座最重要的新古典主义风格的建筑。雅典大学入口处的立柱和柱头是模仿卫城的山门所建，而雅典艺术学院的入口则是以伊瑞克提翁神庙的东边为灵感所设计。雅典大学的壁画以国王奥托为中心描绘了不同时期的艺术人物。帕纳皮斯提米欧大街 · 地图L/M1-2

5 欧摩尼亚广场

100年前，欧摩尼亚广场是雅典最重要、最辉煌的中心广场之一。如今这个广场依然宽阔无比，却是妓女们、皮条客、吸毒者、街头小贩和旅游者聚集的场所。这里还是交通拥挤，建筑施工频繁，人声嘈杂之地。因此为了迎接2004年奥运会，欧摩尼亚区进

雅典城市博物馆

雅典艺术学院

行了一次大的改造，使之具有一定的艺术气息，这里为行人特地开辟了一条步行街，还重建了一些具有新古典主义风格的建筑。地图C2

6 伊克萨奇亚广场

广场的四周显得有些破旧，但在这里你可以随时找一个咖啡馆，然后坐下休息。通往广场的路上满是涂鸦，谴责西方帝国主义国家最近的某些行为，宣传本周一些示威游行活动的宣传单随处可见。做在那里啜饮着冰咖啡的人也都是些头发乱糟糟，穿着黑色高领毛衣、拿着大包的当地人。当然人们对这里的“无政府状态”已经司空见惯。到了晚上这里还会响起希腊民谣。地图D2

7 工艺学校

这里是1973年学生运动开始的地方（见下文）。在这所学校的门口有一个大理石雕像，表现了一个年轻人躺倒在地上——这个雕像是为了纪念在当年的抗议活动中牺牲的年轻人。每年的11月17日，全希腊的政治家们都会到这里来献上鲜花凭吊当年英勇的年轻人。地图C/D1

1973年11月17日

1973年雅典工艺学校的学生们成了希腊现代史上的英雄。1973年11月17日，他们发起了反对于1967年发动政变夺取政权的军事独裁政府的抗议活动。这个抗议活动被军政府的坦克和枪炮残酷地镇压，但这些年轻人的勇气最后导致了次年军政府的倒台以及希腊的解放。

8 碑铭博物馆

这里收集了全世界最珍贵的古代墓志铭以及早期雅典的官方文件，这些文件都雕刻在石头和大理石板上。在这里能了解雅典的历史和故事，最重要的藏品包括：公元前480年雅典议会做出的要求全城居民在波斯人入侵前悉数撤出的法令；在卫城上修建神庙祭祀众神的宗教法令；2400年前的一个刻有卫城山上伊瑞克提翁神庙的建筑过程的石碑。托西塔萨大街（Tositsa）1号 · 地图D1 · 210 821 7637 · 开放时间：周二至周日：早上8点30分至下午3点 · 免门票

9 国家考古博物馆

这个考古博物馆展出的藏品堪称举世无双，包括从希腊所有考古遗址中出土的文物。最精彩的藏品包括从荷马笔下的迈锡尼挖掘出的黄金器皿和伟大的古典主义风格的大理石雕塑作品等。（见16～17页和46页）

工艺学校门前牺牲的学生

10 佩蒂翁·图·阿瑞斯公园

尽管不如希腊国家花园那样绿树丛生，景致迷人，这个雅典最大的公园倒也充满绿意，开阔大气。尽管面积很大，这个公园更像是社区小花园，长椅上坐着老妈妈们，孩子们骑着自行车。由于这里靠近政治气氛浓厚、知识分子聚集的伊克萨奇亚广场，这里也经常举行集会、室外音乐会和类似一年一度的书市这样的文化活动（见53页）。里奥弗罗斯·亚历山德拉斯大街（Leoforos Alexandras）·地图D1

第皮龙盛酒器，国家考古博物馆

欧摩尼亚一日游

上午

先去希腊最大的宝库：国家考古博物馆。在那里待上一个半小时，一定要看看迈锡尼文明时期的珍宝、泰拉岛的壁画和古典主义风格的雕塑品。

从博物馆后出来后左转去帕提西翁大街（Patis-sion），到那里的工艺学校瞻仰1973年学生抗议活动的遗址。学校外有一座躺在地上的大理石人像，刻画了在抗议中牺牲的学生们。

然后左转去斯图尔纳利大街（Stourina），到伊克萨奇亚广场喝一杯冰咖啡，顺便瞄一眼那里的朋克们、无政府主义者和匆匆而过的模特们。如果你去的时候是夏天，可以去伊安提斯（Yiantes）（见92页）吃一顿露天午餐。

下午

到山下的特米斯托克利斯大街（Themistokleous）去作一番小小的探险，因为很多希腊独立电影制片人在那儿都设有办事处。去欧摩尼亚广场走走，感受一下这个雅典最乱的地方，但是一定要尽快跑出来。

左转去索福科勒斯大街（Sophocleous）之前在你的右边会看到雅典市政厅（Athens City Hall）（见90页）。沿着这条街走下去，参观一下建在部分特米斯托克利恩墙（Themistoclean Wall）上的希腊国家银行（National Bank of Greece）。

现在回过头再去雅典真正的中心——中央市场（见87页）。让自己沉浸在眼前的景象、听到的声音和闻到的气息中。如果你去的时候不是夏天，让阿塔纳顿柱廊（Stoa Athanaton）（见93页）成为你这一天行程的终点，在这里能听到最好的希腊民谣，吃到最传统的希腊美食。

国家剧院

雅典市政厅

TOP 10 十大最佳休憩之所

1 国家剧院

这个新古典主义风格的建筑物借鉴了哈德良图书馆的结构，国家剧院剧团的表演居全希腊之冠。圣康斯坦丁诺大街22号 · 地图B2 · 210 522 3242

2 雅典市政厅

这里是雅典市政府所在地，考古挖掘证实这里曾是雅典旧城墙的外围。亚蒂娜斯大街（Athinas）63号 · 地图J1

3 瑞贝卡 · 坎比美术馆 (Rebecca Camhi Gallery)

这个美术馆的展品包括希腊和外国当代艺术家的作品。游客参观需提前预约。可到该美术馆的网站上查询最近的展出信息。特米斯托克利大街80号（3层） · 地图D2 · www.rebeccacambi.com

4 圣特奥多罗恩教堂 (Agioi Theodoroi)

这个一个处于闹市中的宁静的小教堂。教堂墙上的壁画为19世纪所作。圣特奥多罗恩广场，地图K2

5 国家图书馆

这是雅典城内最重要的新古典主义风格的建筑之一（见87页），不妨看看馆内雍容大气的阅览室。帕尼皮斯提米欧大街（Pan-epistimiou）28-29号 · 地图L1 · 周一至周五上午9点至下午2点

6 国家歌剧院

这里音响效果并非最好，而且麦格罗 · 慕斯吉斯剧院吸引的国际巨星也远比这里要多，但是那些衣着光鲜的忠实歌剧迷们还是觉得这里最好。阿卡迪米亚斯大街59-61号 · 地图L1

7 雅典文化中心 (Cultural Centre of Athens)

免费展出希腊当代艺术家的作品，文化中心内有一个戏剧博物馆和一个可爱的咖啡馆，游客可以坐在这里观看来来往往的人群。阿卡迪米亚斯大街（Akadimias）50号 · 地图M1 · 210 362 1601

8 圣尼古拉斯帕夫卡基亚 (Agios Nikolaos Pefkakia)

这座位于陡峭的德维尼翁山顶（Dervenion）的圣尼古拉斯帕夫卡基亚教堂（即松树下圣尼古拉斯）建于1895年，山下的所有道路在这里汇聚，因此教堂也成为一座地标。阿斯科利皮欧大街（Asklipiou） · 地图E2

9 奥多斯 · 卡利德罗米欧市场 (Odos Kallidromiou)

到这个热闹的星期六街道市场来感受真正伊克萨奇亚充满活力的气息。地图D2

10 斯特拉菲山丘

它不是雅典最美丽也不是最干净的山丘，但在这里可以一览欧摩尼亚和伊克萨奇亚区的活力四射的景象。亚尼克萨提斯亚大街（Anexartisias）和艾曼努尔 · 贝纳基大街 · 地图E1

埃勒夫特鲁达吉斯

卡拉万

佐罗塔斯

TOP 10 十大购物场所

1 卢米蒂斯

这个面积颇大的街角咖啡馆专卖传统希腊/土耳其做法的咖啡，这里售卖各种咖啡壶，咖啡杯和碟子以及甜品。艾奥卢大街（Aiolou）106号 · 地图C2

2 兰博罗波洛斯 (Lambropoulos)

在这个小商店和精品店林立的国家，兰博罗波洛斯是少有的几家大百货商场之一。这里的国产及外国商品琳琅满目，种类繁多。艾奥卢大街（Aiolou）99号 · 地图C3

3 图·维维里奥柱廊 (Stoa tou Vivliou)

在雅典最繁华的中心商业区，新近翻修过的柱廊内聚集了许多书店、装订商店和古董店。帕尼皮斯提米欧大街，佩兹马佐格鲁大街和斯塔迪欧大街之间 · 地图C3

4 纳卡斯乐器店 (Nakas Musical Instruments)

这个5层楼的乐器店有音乐家需要或想要的任何乐器，从传统的绘有图案的曼陀林琴到珍贵的小提琴、活页乐谱、DJ操作台、混音器和音量奇高的扬声器。纳瓦尼诺大街13号和马弗罗米迦利大街（Mavronmichali）交会处 · 地图D2/3

5 兹图拉斯 (Tsitouras)

这里出售各式奢华、精致的家居用品、婚礼和洗礼仪式用品、床单和毛巾，瓷器和餐具等。索罗诺斯大街80号 · 地图D3

6 埃勒夫特鲁达吉斯书店 (Eleftheroudakis)

这是个7层楼的专卖英语和希腊书籍的书店，店内还有一家科罗纳基食品公司（Kolonaki）的分店，逛累了的读者可以到这里来休息一下自己的双腿并品尝一块美味的胡萝卜蛋糕。帕尼皮斯提米欧大街17号 · 地图M2

7 佐罗塔斯（Zolotas）

这里以其金饰品精巧的做工闻名，佐罗塔斯首饰是希腊最有价值的品牌之一。帕尼皮斯提米欧大街10号 · 地图M2

8 卡拉万

这个点心店店面虽小却颇负盛名，一定要尝尝口味绝佳的果仁蜜饼和卡塔菲。沃卡利斯提欧大街11号 · 地图M2

9 赞波拉吉斯画廊 (Zoumbou lakis Galllery)

这个著名的画廊展示的都是希腊最有才华的艺术家们的原作，这些原作都有画家的亲笔签名并且编好了号。克里佐图大街7号 · 地图M3 · 210 363 4454

10 雅典设计中心 (Athens Design Centre)

这里有设计大胆、色彩明快的碗、盘子、花瓶和装饰品，有些装饰着条形图案、锯齿形图案和甜美的水果图案，有的却没有任何装饰，风格自然质朴。瓦拉里图大街（Valaritou）4号 · 地图M2

巴巴·雅尼斯

卡菲尼翁·图·纳奥法依欧·图恩·阿格隆

雅典纳科恩

TOP 10 十大奥苏酒店和开胃小吃店

1 艾菲梅洛（Efemero）
总有两只猫在这家古老小店外的木椅周围徘徊，等着慷慨的客人施舍它们一点用胡椒子和橄榄烹制的烤猪排。特里斯托克利斯大街和美特翁尼斯大街 · 地图D2 · €

2 巴巴·雅尼斯（Barba Yannis）
店外没有招牌，但你不会错过这个让人赞不绝口的小店，你会看到一群群学生走进这个小店享受精心烹制且极其便宜的小吃。艾曼努尔·贝纳基大街94号 · 地图D2 · €

3 库库小吃店（Cookou Food）
这个气氛欢快友好的小店内供应的小吃香辣可口。特米斯托克利斯大街66号 · 地图D2 · 210 383 1955 · €

4 伊安提斯
最惬意的事情莫过于在风景宜人的后院品尝最富创意的经典小吃——以蜂蜜、葡萄干和胡荽烹制的鸡肉。这里绝大部分食品都是有机食品。瓦尔特西欧大街44号 · 地图D2 · 210 330 1369 · €

5 罗扎里亚小吃店（Teverna Rozalia）
当地人最爱到这家气氛轻松、家族式小吃店来。这里舒适的装潢最适合冬天到这里来饱餐一顿，而它的后院又适合夏季消磨一个个慵懒的夜晚。瓦尔特西欧大街58号 · 地图D2 · 210 330 2933 · €

6 卡菲尼翁·图·纳奥法依欧·图恩·阿格隆（Kafeneion to Naufayio ton Aggelon）
这个店名希腊语中指“天使的船”，只有两个小房间的餐馆内部装潢一直保持着刚开业的样子。试试用章鱼和大蒜腌制的甜菜根来配奥苏酒。斯特纳里大街41号 · 地图C2 · 210 380 7061 · €

7 雅典纳科恩（Athinaikon）
这是雅典中部最受欢迎的小店，尤其是记者们，他们经常在大理石桌上交换各自获得的信息。这里的开胃小菜供应一直很充足。特米斯托克利斯大街2号 · 地图C2 · 210 383 8485 · €

8 肉市场餐馆（Meat Market Restaurant）
这里的食物都是用当天从市场买回的原材料制作，一直开放到黎明。在酒吧度过一夜的客人们都会到这里来吃些宵夜。地图J1 · €

9 迪波多（Diporto）
这里的顾客多半是肉市场的商贩。你可以在厨房当场挑选要吃的东西，还可以打开墙上的酒桶把自己的酒杯灌满。西尔特拉大街1号 · 地图J1 · 周一至周六早上8点至晚上6点 · €

10 克利马塔利亚（Klimataria）
这个温暖、具有怀旧风格的小吃店坐落在欧摩尼亚区一个灰暗、破旧的地方。地板被漆成了红色，酒桶上描绘着美丽花朵。普拉提亚·西尔特拉大街2号 · 地图J1 · 210 321 6629 · €

注：在奥苏酒店和开胃小吃店按惯例应付现金，这里的素食种类非常丰富。价格范围请阅101页

阿塔纳顿柱廊

伊斯托里亚民谣俱乐部

TOP10 十大民谣和摇滚俱乐部

1 阿塔纳顿柱廊（Stoa Athanaton）

这是雅典最享誉盛名的民谣俱乐部，日夜开放。上年纪的人吸着雪茄，将鲜花献给喜爱的音乐家，如果情绪来了，他们还会随着音乐跳上一曲。周五和周六的晚上需要预订。中央市场（拱门内）· 地图J1

2 洛顿摇滚俱乐部（Rodon-Live Rock）

这个由电影院改造成的摇滚俱乐部是雅典颇受欢迎的摇滚圣地。“朋克之父”伊基·波普、“嚎叫的”杰·霍金斯和金属乐队以及很多乐队都曾在此表演过。马尼大街24号 · 地图C2

3 博伊米萨（Boemissa）

这里的内部装饰温和而不张扬。但到午夜两点，一切变得狂野起来。是少数几个能以吉卜赛蓝调吸引时尚年轻人的民谣俱乐部。索罗莫大街13号 · 地图C2

4 安（Am）

这是雅典资历最老也是最受欢迎的现场乐队伴奏的俱乐部，主要以摇滚乐和另类的乐队表演为主。午夜一点后会有锐舞狂欢派对。索罗莫大街13-15号 · 地图C2

5 塔克西米（Taximi）

希腊最伟大的民谣音乐家们都曾在这里表演过，这里弥漫着浓浓的怀旧气氛。迦利拉奥·特里库皮大街和伊萨维农大街29号 · 地图E2

6 德克邓思（Decadence）另类摇滚俱乐部

希腊喜爱另类摇滚音乐的青年人和成年人会聚集于此，随着苏格兰的贝利和塞巴斯蒂安乐队和澳大利亚的黑暗王子尼克·凯夫的音乐摇滚。维奥格洛克托诺大街69号和普切利亚斯大街2号 · 地图E1

7 斯塔瑟莫斯（Stathmos）

这里的装饰有些俗气，饮料的价格也过高，但不得不承认的是希腊人格外喜欢拥到这间俱乐部欣赏他们最爱的歌曲。马维罗马泰奥大街22号 · 地图D1

8 伊斯托里亚民谣俱乐部

这个俱乐部栖身于一栋建于20世纪早期的建筑物内，长满青苔的墙壁和屋顶与俱乐部内演奏的朴实的音乐相映成趣。伊波卡拉托斯大街181号 · 地图E2

9 帕拉弗诺（Palafono）

这间小小的爵士和蓝调俱乐部20年来吸引了众多最杰出的音乐家到这里演出。S 基尼斯大街1号和阿斯科利佩欧大街130号 · 地图F2

10 卡瓦拉斯（Kavouras）

这家昏暗、烟雾缭绕的民谣俱乐部在二层，一层则是一家同名的卖烤肉卷的小店。特米斯托克利欧大街64号 · 地图D2

民谣俱乐部为专门演奏被称为“希腊布鲁斯”的民谣的俱乐部

凯利马莫洛体育馆

宪法广场

贝纳基博物馆

宪法区和克罗纳基区

希腊艾瓦桑卫兵

宪法广场（Plateia Syntagma）是现代雅典的中心，巨大的新古典主义风格的政府办公大楼坐落在此。站在政府大楼外面的岗哨是希腊艾瓦桑卫兵，他们身着传统的短衬衫和缀有绒球的鞋子每天庄严地来回踱着步。政府大楼边是一条绿树成荫的瓦西里西斯·索非亚大道，沿路是一系列的博物馆，雅典许多第一流的博物馆都在此。宪法区后面是时髦的克罗纳基区，也是驻希腊的各国使节、模特、电影明星们聚集的地方，当然也少不了知名设计师们开设的精品店。这里是购物和坐观熙熙攘攘的人群的好地方，这里的咖啡馆或豪华或雅致，但收费也不便宜。离这里不远就是利卡维托斯山丘，山上有一个著名的露天剧场和可以欣赏到美不胜收景色的咖啡馆和餐馆。

TOP 10 十大景点

1. 凯利马莫洛体育馆
2. 国家花园
3. 政府大楼
4. 宪法区地铁站
5. 希腊艾瓦桑卫兵
6. 贝纳基博物馆
7. 基克拉迪艺术博物馆
8. 拜占庭博物馆
9. 战争博物馆
10. 利卡维托斯山丘

基克拉迪艺术博物馆

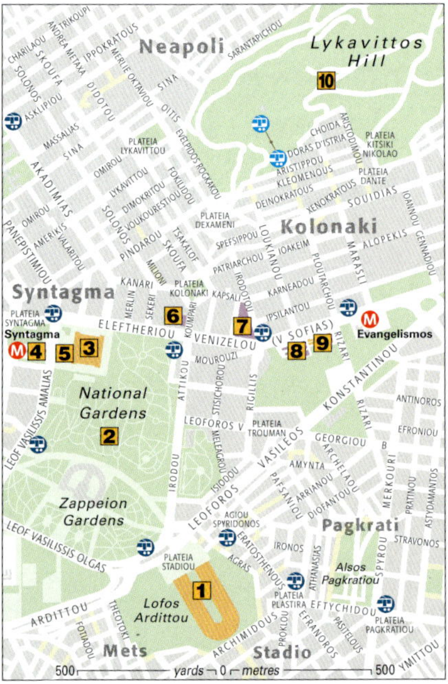

1 凯利马莫洛体育馆 (Kallimarmaro Stadium)

原名泛雅典娜（Panathenaic）体育馆，但凯利马莫洛（意指美丽的大理石）这个名字却更令人耳熟能详。这个体育馆公园公元前330年为了举行泛雅典娜节而建，但后来被废弃。1895年，乔治奥斯·阿维奥夫（Georgios Averoff）捐资重建了这个体育馆，1896年第一届现代奥运会在此举行。2004年，这里是奥运会马拉松比赛的最后一站，箭术比赛也是在此举行（见62页）。瓦斯·康斯坦丁诺大街（Vas Kanstantinou）·地图N6·开放时间：周一至周五：早上8点30分至下午1点，下午3点30分至晚上7点

2 国家花园 (National Gardens)

这个面积巨大，阴凉的花园是闷热的雅典中部令人意想不到的一个避暑胜地。园内的大树都是1839年种植的，当时这里还是阿玛利亚王后（Queen Amalia）的皇家花园，她命园艺师在这里栽种了1.5万棵来自国内外的植物，有些一直存活至今。这个花园于1923年对公众开放，园内点缀着一些雕像。花园内还有一个小型动物园、一个供鸭子戏水的池塘和儿童游乐场（见52页）。亚美里亚斯大街（Amalias）·地图M4

国家花园

3 政府大楼 (National Parliament Building)

这栋建筑物原建于1842年，是希腊独立后第一位国王奥托的王宫。建成后的70年中这里一直未被起用，直到1923年因为房屋短缺成为无家可归者的庇护之所。1926年随着民主政府的建立，这里经过翻修、改造，重新开放成为政府的议会所在地。如今这里成为议会进行辩论的地方，从喧哗的闹剧到沉闷的电视辩论直播，应有尽有。游客还可以参观这里的图书馆。宪法广场·地图M3·图书馆开放时间：周一至周五上午9点至下午1点30分

4 宪法区地铁站 (Syntagma Metro Station)

这个地铁站既是一个交通集散地又是一个博物馆。当城市的地铁线路需要延长在此进行施工时，考古学家们发现了数以千计价值连城、从古典主义时期到其后的各个历史时期的文物。部分文物被放在地铁站内展出，其中最引人注目的是一个玻璃墙，墙内至少有两个公墓（见44页）。地图M3

政府大楼

5 希腊艾瓦桑卫兵（Evzones）

站在政府大楼前担任守卫工作的是著名的希腊艾瓦桑卫兵，他们来自于穿着传统服装赢得独立战争的起义部队。很难想象穿着这套制服如何参战：一件短衬衫（有400个褶皱，象征被土耳其人统治了400年），红色的帽子，和红色缀着大绒球的鞋子。卫兵的换班就像高踢腿舞蹈，他们都是从希腊军队中挑选的最高、最英俊的士兵。地图M3 · 守卫每小时换一次班

6 贝纳基博物馆（Benaki Museum）

贝纳基博物馆是希腊最富盛名的博物馆之一，不仅因为这里收藏的种类繁多的、从史前时期到20世纪希腊艺术最杰出的代表，也因为这个博物馆优雅的建筑风格。这里最吸引人的藏品是一个18世纪希腊北部建筑中土耳其风格的会客室和奢华的拜占庭风格的神殿。这里附设的礼品店中精美的书籍和珠宝首饰以及屋顶花园式餐厅都值得游客一探。（见22～23页和46～47页）

7 基克拉迪艺术博物馆（Museum of Cycladic Art）

在巴台农神庙修建2000多年前，基克拉迪岛上一个神秘的文明创造出了具有独特风格的地中海式大理式雕像：简单抽象的女性人像。这种风格至今仍然经久不衰并影响了不少艺术家如莫迪里阿尼（Modigliani）和毕加索（Picasso）。古朗德里斯家族是希腊最古老的船运公司和最热衷于慈善事业的家族之一，他们出资兴建了这座具有新古典主义风格的建筑物，这里展出的基克拉迪艺术品的数量居世界之首。在博物馆新建的侧楼还经常举办一流的希腊和国际当代艺术家的作品展。（见18～19页和47页）

令人敬畏的齐勒

当希腊独立后德国国王奥托成为首位希腊国王，他将建筑师欧内斯特 · 齐勒（Ernest Ziller）带来重建雅典。他所钟爱的新古典主义风格在基克拉迪艺术博物馆、钱币博物馆和国王康斯坦丁的官殿（如今的总统府）这样的建筑中都完美地体现了出来。（见98页）

拜占庭博物馆

8 拜占庭博物馆（Byzantine Museum）

这个博物馆中的1.5万件藏品（只是展出的所有藏品中的一小部分）都出自公元3世纪至19世纪，与拜占庭王国的兴盛和衰落息息相关。这里有价值不可估量的雕塑、肖像画以及金、银线编织的宗教服饰。这里的永久藏品都放在一座精致的两层小楼中，小楼的部分在地下，这个小楼于2004年夏季对外开放。（见28～29页和47页）

9 战争博物馆（War Museum）

这个庞大的两层楼的建筑物讲述了希腊从史前到现代的战争故事，这些战争故事也许并不能吸引所有人，但大部分人都会对萨罗格罗斯（Saroglos）藏品感兴趣，其中有中世纪的盔甲、三个士兵才拿得起的重剑和刻有花纹的土耳其弯刀。博物馆外有几架战斗机和坦克，参观者可以爬上去看看里面的驾驶员座舱（见47页）。瓦斯 · 索非亚大道 · 地图E/F4 · 开放时间：周二至周日上午9点至下午2点 · 凭票入内

战争博物馆

10 利卡维托斯山丘 (Lykavittos Hill)

陡峭的利卡维托斯山丘于科罗纳基区拔地而起，山顶上的教堂方圆几里内都看得见。每年夏天，来自世界各地的顶尖音乐家都会参加在教堂附近的剧场内举办的利卡维托斯节；最精彩的莫过于欣赏鲍勃·迪伦或是古鲁音乐表演的同时看着雅典的夕阳从他们身后慢慢落下（见61页）。教堂下有一个迷人的咖啡馆。除非你有足够的信心可以爬上山，否则最好乘坐从亚里斯蒂普（Aristipou）出发的索道车。地图F2

利卡维托斯山丘

时髦的科罗纳基区下午游

午后

在无名战士墓（the Tomb of the Unknown Soldier）的守卫换岗仪式前的几分钟从宪法广场出发，然后前往瓦西里西斯·索非亚大道上的基克拉迪艺术博物馆品味史前神秘的大理石雕像。一定要查一下在相邻的斯塔萨托斯大厦内是否有临时性的展览，这些展览虽然规模不大，可都是世界级的展览。

然后去科罗纳基广场的路边咖啡馆喝一杯冰咖啡，吃一块糕点，看看来来往往的人群。这里的咖啡虽然很贵，但能亲眼目睹一群群有钱的贵妇们、英俊的花花公子和希腊的大小明星们，这也算是物有所值—只是记得你要慢慢喝！

傍晚

喝完咖啡后，慢慢踱出广场去认真购物或只是浏览一下商店的橱窗，偷偷看看像Folli Follie，普拉西尼（Prasini）和埃莱娜·沃茨这样名店中的顾客，或是去逛逛国际知名的品牌店如古琦（Gucci），阿玛尼（Amarni）或是范思哲（Versace）。

到了傍晚可以去利卡维托斯山脚下的索道车站。尽管这座山离科罗纳基广场不远，要走过去还是有些费劲。如果你的脚已经很累，可以乘坐从广场出发的060小巴，搭出租车更是只需花两分钟的时间。薄暮中在山顶的咖啡馆中啜饮着饮料，看雅典上空的太阳慢慢变成紫色，或是在奥利桑提斯餐馆（见101页）吃一顿特别的晚餐。

无名战士墓

科罗纳基广场

TOP 10 十大最佳休憩之所

1 扎佩翁（Zappeion）宫
19世纪兴建，坐落于国家花园的最南端，公众可以到花园内布满绿树的小径内散步，这里曾举办过多次国际会议。地图M5

2 总统府和马克西姆大厦（Presidential Palace and Maximou Mansion）
国王康斯坦丁的王宫是由欧内斯特·齐勒负责设计（见96页），而邻近的马克西姆大厦是首相的官邸——尽管现任首相西米蒂斯更愿意住在自己在科罗纳基区的公寓内。艾罗杜·阿提库大街和瓦西雷奥斯·乔治欧大街转角处·地图N4

3 无名战士墓
国会前的一堵墙上于1930年雕刻了一名垂死的战士，纪念在希腊独立战争中牺牲的战士（见34页）。宪法广场·地图M3

4 国家历史博物馆（National Historical Museum）
这里是希腊首届国会所在地，现已成为专门纪念希腊独立战争的博物馆。科罗纳基广场斯塔迪欧大街13号·地图L2·周二至周日上午9点至下午2点·凭票入内

5 钱币博物馆/施里曼故居（Numismatic Museum/Schlieman's House）
这座钱币博物馆也是迈锡尼文明的发现者海因里希·谢里曼的故居。帕尼皮斯提米欧大街12号·地图M2·周二至周日上午8点30分至下午3点·凭票入内

6 希腊历史和民族服装博物馆（Museum of the History and Greek Costume）
这里展出了6000多件希腊各个历史时期的民族服饰、珠宝和饰品。蒂莫克利特大街（Dimokritou）7号·地图M2·周一至周五上午10点至下午1点30分·免门票

7 科罗纳基广场
这是游客来到科罗纳基区时最爱去的地方。享受一下这里价格奇高的饮料，也看看来来往往、时尚亮丽的人群。地图N3

8 得克萨美尼广场（Plateia Dexameni）
这里比科罗纳基广场绿意更浓，也更不张扬，这里有雅典最好的露天电影院之一。地图N/P2

9 周五早市（Friday Morning Street Market）
这是雅典最繁荣的蔬菜、水果市场之一。埃克瑟诺克拉图斯大街（Xenokratous）·地图P2

10 杰纳迪亚斯图书馆（Gennadius Library）
这里收藏的多语言的希腊学方面的书籍堪称世界之冠。苏迪亚斯大街（Souidias）61号·地图F3·周一至周三上午9点至晚上8点，周六上午9点至下午2点

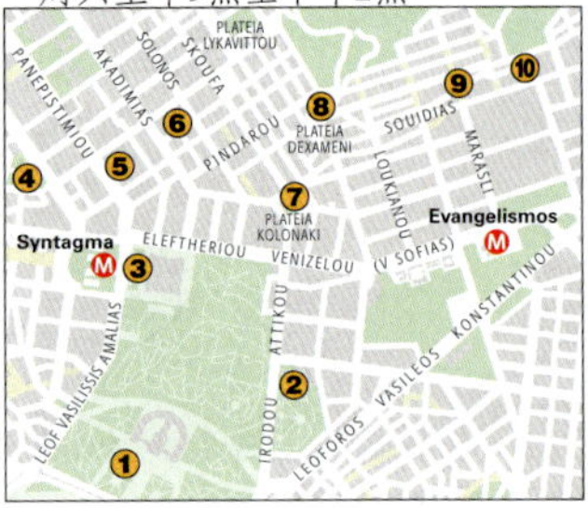

埃莱娜·沃茨

Folli Follie

普拉西尼鞋店

TOP10 十大时尚精品店

1 Folli Follie
这个品牌的手表、项链、手镯、手袋和其他饰品设计精美，质量上乘，价格也适中。索罗诺斯大街25号 · 地图N2

2 安东尼奥斯·马科斯（Antonios Markos）
除了他自己设计前卫的自有品牌，还从国外进口一些世界知名和不那么知名的品牌的产品。斯库法大街（Skoufa）21号 · 地图N2

3 艾美丽（Amelie）
这个绝对新潮的法式蛋糕店设计的蛋糕非常新颖，这里有可口缤纷多彩的蛋白杏仁饼干，巧克力和甜点。品达罗大街29号和安纳格诺斯托波罗大街 · 地图N2

4 耶店（Yeshop）
这里出售的都是希腊最有才华的年轻设计师的作品，风格前卫时尚。约格斯·埃勒夫特利亚德斯（Yiorgos Eleftheriades）最擅长为时髦的青年男女们量身定做风格最独特的服装。品达罗大街38号 · 地图N2

5 贝蒂纳（Bettina）
在贝蒂纳既能找到一线国际品牌，也有希腊本土设计师安格罗斯·弗伦佐斯（Angelos Frentzos）和索非亚·科克萨拉基（Sophia Kokosalaki）的作品。品达罗大街40号 · 地图N2

6 奥普蒂卡·阿拉特莫斯（Optika Arathymos）
这个小店内有希腊最顶尖设计师的系列作品，这里的店员专业知识非常丰富，商品价格也合理。卡纳里大街（Kanari）10号 · 地图N3

7 普拉西尼（Prasini）
这里有希腊、西班牙和意大利最好的设计师设计的鞋子，普拉西尼是雅典那些以逛商店橱窗为乐和用信用卡疯狂购鞋的时尚人士的最爱。萨卡罗夫大街（Tsakalof）7-9号 · 地图N2

8 埃莱娜·沃茨（Elena Votsi）
埃莱娜·沃茨是国际珠宝设计界一颗冉冉升起的新星，她设计的那些以投资为主要目的的珠宝造型粗旷而时尚，绝对物有所值。埃克森图大街7号 · 地图N/P2

9 卡罗吉路（Kalogirou）
这里出售不同设计师设计的鞋子，品种之全令人咂舌。同时也有一系列卡罗吉路自创品牌的风格各异的鞋子。帕特利亚齐·罗凯姆大街4号 · 地图P2

10 莱娜·卡特山尼度（Lena Katsanidou）
莱娜·卡特山尼度在科罗纳基区开设的精品店以及楼上的工作室设计的首饰一向受到时尚人士的大力追捧，她的招牌设计是以白银和青铜为主要材质的风格大胆前卫、分量也很重的耳环。阿洛帕吉斯大街17号和鲁吉亚诺大街 · 地图P2/3

妈咪

杰克逊大厅

摇滚

TOP 10 十大热门夜总会

1 妈咪（Mommy）
这个面积狭小、花哨的餐吧的客人常常在周末时拿着饮料四处游荡，把周围的街道挤得水泄不通。德尔冯大街（Delfon）4号 · 地图M1 · 210 361 9682

2 斯库法吉（Skoufaki）
这个小夜总会灯光暗淡，烟雾缭绕，到这里来的都是些艺术家和演员。这家风格另类的夜总会是科罗纳基区最著名、历史最悠久的咖啡馆兼酒吧。斯库法大街47-49号 · 地图M1

3 杰克逊大厅（Jackson Hall）
这个美式餐吧供应啤酒、汉堡和薯条，店内挂满了电影明星的海报。然而由于地处科罗纳基区，所以这里有大型电视屏幕播放着时尚节目，而侍应生也都一个个瘦得和模特一样。米利翁尼大街（Milioni）4号 · 地图N2

4 桑特拉（Central）
这是城中最火爆的休闲和与朋友聚会的场所。每个周末一到午后这里就人满为患，进进出出的全是帅哥美女。科罗纳基广场14号 · 地图N3 · 210 724 5938

5 西·撒丁（Sea Satin）
到这个以海鲜为主的餐吧来的都是30岁左右、身着名牌的年轻人，他们会在这个气氛欢快的餐吧内随着曼陀铃琴的伴奏起舞。弗吉里度大街（Fokilidou）1号 · 地图N2 · 210 361 9646

6 弗雷姆（Frame）
这个餐吧风格独特，它的花园布置成了纯净的白色，坐落在一个宁静的公园内。餐吧就在马路对面，里面全是名设计师设计的家具和一些抽象艺术作品。凯利欧米诺斯大街（Kleomenous）2号 · 地图P2

7 摇滚（Rock'n' Roll）
这个科罗纳基区最经典的酒吧和摇滚没有任何关系，这里只有醇香的葡萄酒，吃着牛排和薯条的商人以及周六大购物之后拥到这里来的人群。鲁吉亚诺大街和伊普赛兰图大街（Ipsilantou）地图P3

8 德拉格斯特（Dragoste）
这家夜总会一到周末就人潮汹涌，因为雅典的年轻人都喜欢到这里来享受另类的地下/世界音乐和颓废的气氛。帕特利亚齐·罗凯姆大街37号 · 地图P2

9 查理托斯（Charitos）
不管是夏天还是冬天，雨天还是晴天，这条酒吧林立的步行街上总是人头涌动，气氛热烈。地图P2

10 贝尔塔扎（Balthazar）
这个餐吧坐落在一幢新古典主义风格大楼的花园内，这里的客人总是络绎不绝。索哈大街（Tsoha）和苏祖大街（Soutsou）27号 · 210 644 1215

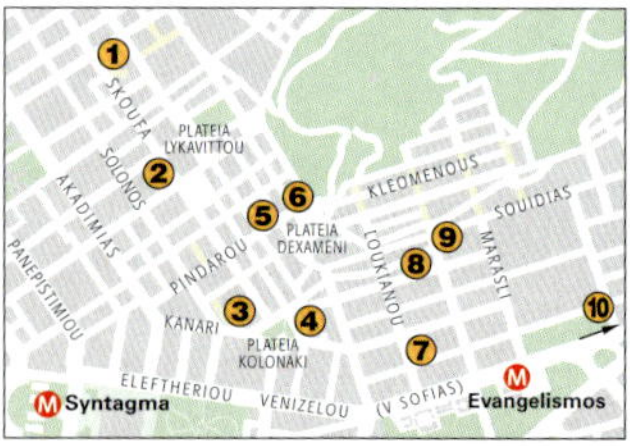

卡纳里角

普莱塔尼欧

价格分类

以每人	€	不到30欧元
三道菜及	€€	30～40欧元
半瓶酒，加上	€€€	40～50欧元
消费税和其他	€€€€	50～60欧元
费用	€€€€€	超过60欧元

TOP 10 十大最佳餐馆

1 奥利桑提斯
在这家位于利卡维托斯山顶上的餐馆就餐不仅可以欣赏到雅典的全景，还可以品尝富有创意的地中海式美食。地图P1 · 210 722 7065 · €€€€

2 凯库（Kiku）
这个雅典城内最正宗、也是最好的寿司餐厅。这里的寿司颜色诱人，美味可口。蒂莫克利特大街12号 · 地图N2 · 210 364 7033 · €€€€

3 食品公司（Food Company）
这里的家常菜和舒适的环境是这个小餐馆牢牢吸引住了一批到这里吃午餐和不那么正式的晚餐的客人。这里面积不太，因此座位有限。安纳格诺斯托波罗大街47号 · 地图N2 · 210 363 0373 · €

4 玛丽特萨斯（Maritsas）
食客们通常坐在这家传统、低调的小吃店外的人行道上享受简单、可口的希腊美食。不要错过这里的科罗基特科弗提德斯（Kolokithokeftedes，小胡瓜末）。沃卡利斯提欧大街47号 · 地图N2 · 210 363 0132 · €€

5 卡纳里角（Kanari Corner）
这个小店总是出奇地安静，人们常常挤在这里品尝数量有限却好吃的面饼、色拉、烤肉和甜点。阿卡迪米亚斯大街和卡纳里大街10号 · 地图M2 · 210 361 7157 · €€

6 普莱塔尼欧（Prytaneio）
最好的雅典餐馆之一，这里最有特色的一道菜是黑鲈鱼配晒干的西红柿和燕麦面饼干。米利翁尼大街7号 · 地图N2 · 210 364 3353 · €€

7 拉特卡（Rakta）
这是科罗纳基区最经典的餐馆之一，如今仍是雅典上层社会的人士常去的地方。这里的环境精致优雅，客人可以品尝到世界各国美食。查理托斯大街30号 · 地图P2 · 210 729 0746 · €€€

8 图·奥萨迪克（Tou Ouzadiko）
这个餐馆隐藏在克洛纳基区中心的一个拱门内，以传统风味的餐前小菜，新鲜的鱼类和种类众多的佐餐酒而闻名。卡尼都大街（Karneadou）25-29号 · 地图P3 · 210 729 5484 · €€

9 勒布鲁瓦（L'Abreuvoir）
这家餐厅在雅典颇负盛名，经营的是传统的法国菜肴。这里的特色菜是淋上很多酱汁的肉食。埃克色诺克拉托斯大街51号 · 地图F3 · 210 722 9106 · €€€€

10 博斯奇托（Boschetto）
这个时髦、昂贵的意大利餐馆环境迷人，酒的种类更是齐全。瓦西里西斯 · 索非亚大道46号 · 地图F4 · 210 721 0893 · €€€€€

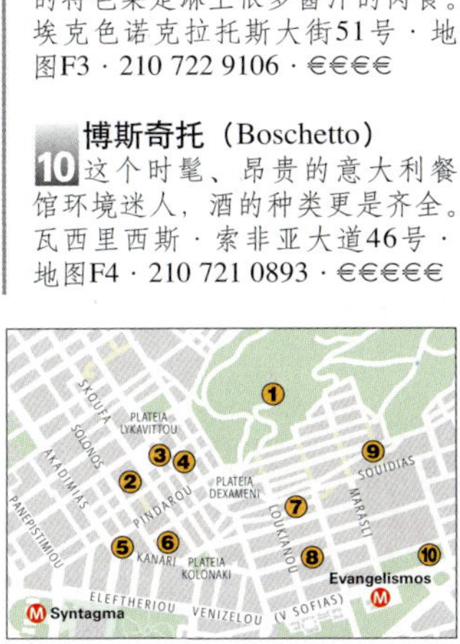

注：除非另有说明，所有的餐馆都接受信用卡并提供素食

考古博物馆中的哈德良半身像　　海事博物馆　　体育馆

比雷埃夫斯

比雷埃夫斯是从雅典去往周边各岛的必经之路，以港口边林立的咖啡馆闻名。古代时该港口修建之后即被废弃，直到1834年才得以修复。来自希俄斯（Chios）、伊卓（Hydra）和西若斯（Syros）各岛的居民在这里开设了第一批工厂，1922年又有一批来自小亚细亚的难民定居于此。这里很快成为希腊主要的工业中心，现在则是地中海第三大港口。由于2004年雅典奥运会的举行，这里经过了彻底的改造。为了缓解雅典市内住宿的紧张，这里的大型游轮也成为了漂浮着的海上旅馆。

TOP 10 十大景点

1. 帕萨利马尼
2. 希腊海事博物馆
3. 阿卡提·特米斯托克利斯
4. 比雷埃夫斯考古博物馆
5. 米克罗里马诺
6. 希腊游艇俱乐部
7. 卡斯特拉
8. 星期天早市
9. 和平与友谊体育馆
10. 艾维奥夫战船

米克罗里马诺

帕萨利马尼的咖啡馆

帕萨利马尼

1 帕萨利马尼 （Pasalimani）

这个开阔的圆形海湾有一个条细长的海峡伸出去通往大海，四周全是8层楼高的现代化公寓楼。自公元前5世纪起这里就被作为雅典主要的海军基地，其中一个小港宰阿港（Zea）在古代就能停放196艘三层桨座战船（见40页）。如今多达400艘希腊最豪华的游艇停泊在此。港内绿树环绕，露天咖啡座随处可见，绕行全港需花20分钟的时间。

2 希腊海事博物馆 (Hellenic Maritime Museum)

这个博物馆位于一栋20世纪60年代兴建的建筑内，一进入博物馆就能看见一幅描述了奥德赛穿越地中海之旅的地图。馆内的展品追溯了希腊海上贸易的历史，并展出了从公元前5世纪的三层桨座战船到现代油轮的模型（希腊拥有全世界最大的商船）。这里还有巨幅油画描述了希腊与土耳其人之间的海战以及从土耳其人那里缴获的战旗。弗雷提达（Freatida）的阿卡提·特米斯托克利斯大街·210 428 6959·开放时间：周二至周五上午9点至下午2点，周六上午9点至下午1点30分·凭票入内

3 阿卡提·特米斯托克利斯 (Akti Themistokleous)

这是始于弗雷提达的一条长达3公里（2英里）沿途装饰着各种灯笼的海滨大道，大道旁是现代化的公寓和各色鱼餐馆，这里还可以远眺爱琴海和萨拉米纳诸岛的景色。这条大道以公元前5世纪的军事家和政治家特米斯托克利的名字命名，是他命人沿着古代的防海堤修建了比雷埃夫斯港。人们还可以在港下岩石林立的海湾内游泳，景色最美的则是阿芙罗狄忒湾。

比雷埃夫斯考古博物馆的雕刻石碑

4 比雷埃夫斯考古博物馆 (Archaeological Museum of Piraeus)

这个博物馆位于公元前2世纪修建的宰阿剧场的遗址旁，这里最值得一看的是1959年发现的两具古典主义风格的青铜像：一具是公元前5世纪铸就的、神情得意、身材比例完美的比雷埃夫斯阿波罗和公元前4世纪完成的比雷埃夫斯雅典娜。这里还展出了一系列公元前5世纪和前4世纪制作的大理石神龛，神龛内刻有感人的死者形象的浮雕。奥多斯·迦利拉奥·特里库皮大街（Odos Charilaou Trikoupi）32号·210 452 1598·开放时间：周二至周日早上8点30分至下午3点·8月份和公众假期闭馆·凭票入内

米克罗里马诺

希腊游艇俱乐部

5 米克罗里马诺 (Mikrolimano)

这个面积不大却精致迷人的圆形海湾以味道出众的鱼餐馆和一座座房屋上的露天屋顶平台而闻名。古代人把船只停泊在这儿，相信缪尼西亚·阿尔忒弥斯（Munichia Artemis）女神守护着这里，这个海湾最初就是以她的名字命名的。土耳其海军也曾经使用过这个海湾，因此这也是它为什么有时候被叫做土尔克利马诺（土耳其港）的原因。如今海湾内满是当地渔夫的小木船，他们每日出海捕鱼然后送到附近的餐馆内。

6 希腊游艇俱乐部 (Yacht Club of Greece)

由于希腊无数的海港使其航海的传统绵延了3500多年，这里是欧洲停泊游艇的顶级港口。这个游艇俱乐部于1934年成立，坐落在米克罗里马诺湾南边半岛上一个风景如画的花园内。俱乐部会所只准会员进出，但你可在码头散步然后去某个时髦的屋顶咖啡馆喝上一杯（见106页）。米克罗里马诺

7 卡斯特拉 (Kastella)

这个风景优美的住宅区建于1834年至1900年间，区内全是新古典主义风格的米色房屋和迷宫式的陡峭街道和楼梯。这个住宅区建在普罗菲提斯·伊利亚斯山（Profitis Ilias）边，能够俯瞰米克罗里马诺湾。这里有着乡村式的氛围，适合徒步旅行。这里的最高点是普罗菲提斯·伊利亚斯教堂和保龄中心（Bowling Centre）咖啡馆（见107页），在这里能纵览整个雅典的景色，而临近露天的维开欧小剧场常在夏天有精彩的表演活动。

卡斯特拉

8 星期天早市 (Sunday Morning Flea Market)

这个跳蚤市场就在比雷埃夫斯地铁站后一条与铁轨平行的街道上，人们经常将它与雅典市内的莫纳斯特拉基早市（见80页）相比较，但这个市场更脏乱。这个市场非

比雷埃夫斯之狮

中世纪时期比雷埃夫斯的主要港口是狮子港，其标志是一头3米（10英尺）高的大理石狮子，大理石狮子所在的原址就是如今的市政大厅。1688年威尼斯人把它拿走放在了威尼斯的阿森内尔（Arsenale）。如今这两个城市的市议会正在就归还这个狮子进行协商。

常拥挤，充满了游客、雅典人和当地的少数民族。来自阿尔巴尼亚的移民在这里开设了几家商店出售阿尔巴尼亚国旗和音乐制品，这里还有衣着色彩艳丽的吉普赛人兜售应季的水果和干果。奥米利都·斯基利特斯大街（Omiridou Skilitsi）·周日早上8点至下午2点

9 和平与友谊体育馆（Peace ahd Friendship Stadium）

靠近尼奥·法利洛（Neo Faliro）地铁站的这个半圆形综合体育场馆于1985年对公众开放，自那时起这里就举行了多个体育赛事，包括1997年欧洲篮球锦标赛（这一届希腊夺冠）和1998年世界篮球锦标赛。这里还举行过摇滚音乐会。2004年奥运会时这里举办过排球比赛。泽维拉·马卡利欧大街（Tzavella Makariou）外

10 艾维奥夫战船（Battleship Averoff）

这艘长140米（460英尺）的战船1910年产自里沃诺（意大利），其设计和平时期装载人数为670人，战时则为1200人。这艘战船领导希腊战船历经了巴尔干战争（Balkan Wars）和两次世界大战。只需要爬上一段窄窄的楼梯，你就可以将整个战船看个究竟，从厨房和发动机室到主要的船桥，从放置船员所睡吊床的狭小黑暗的船舱到长官们和船长所住的豪华的木制格板套间，全都一览无余。法利洛广场的特罗坎特洛码头（Trokantero Marina）·210 983 6539·开放时间：周一和周三至周五上午9点至下午1点，下午3点至5点，周二和周4上午9点至下午1点，周六、日上午9点至下午4点·凭票入内

比雷埃夫斯一日游

上午/下午

从雅典乘坐地铁到比雷埃夫斯港，然后走路去考古博物馆（见103页）参观当地出土的文物。

接着前往帕萨利马尼，顺道在海边的弗莱杜咖啡馆（Caf é Freddo，见107页）坐下来喝一杯咖啡。然后绕港口漫步，观赏一下那些豪华现代的游艇。

要吃一顿轻松、愉快的午餐就得去阿齐诺斯（Achinos，见106页），因为这里能眺望海景；要么就走到阿卡提·特米斯托克利斯海滨大道上的马格罗餐馆（Margaro，见106页），那里的鱼非常新鲜，吃一顿饭的价钱也很合理。

晚上

乘地铁去尼奥·法利洛，在一条繁华的主路边就是和平与友谊体育馆，这个海边的体育馆是2004年奥运会比赛场馆之一。

从体育馆往南走就到了美丽的渔港米克罗里马诺，它不如许多中部的港口那样赫赫有名，风景却更迷人。

这里你还能发现许多坐落在海边的海鲜餐馆，其中最有名的是吉米和鱼餐厅（Jimmy and the Fish，见106页）。

晚餐后，你可以去建于屋顶平台上的唐·凯赫提斯酒吧（Don Kihotis，见107页）体验一下浪漫的气氛，或是和很多人一样去阿克提·迪拉瓦利大街（Akti Dilaveri）上的尼翁咖啡吧（Neon），这里有着最劲爆的音乐和露天咖啡座。

吉米和鱼餐馆

阿齐翁·格非西斯

价格分类		
以每人三道菜及半瓶酒，加上消费税和其他费用	€	不到30欧元
	€€	30～40欧元
	€€€	40～50欧元
	€€€€	50～60欧元
	€€€€€	超过60欧元

TOP 10 十大餐馆

1 皮西娜（Pisina）
这个现代风格的餐吧坐落在一个露天游泳池的中心，气氛轻松、友好。帕萨利马尼港宰阿码头·210 451 1324·€€

2 杜拉贝丝（Dourabeis）
自1932年以来杜拉贝丝就以柠檬和橄榄油简单烤制的新鲜的海鱼吸引着络绎不绝的顾客。米克罗里马诺港的阿克提·迪拉瓦利大街29号·2104122092·€€€

3 普罗斯·波迪拉托（Plous Podilato）
普罗斯·波迪拉托的装饰风格时髦新潮，这里烹制海鲜的方法也是别具一格。米克罗里马诺港的阿克提·库莫恩多洛大街（Akti Koumoundourou）42号·210 412 4417·€€€€

4 吉米和鱼
在这个港口边的屋顶餐厅内，食客们可以尽享烟熏金枪鱼和一盘盘龙虾的美味，还可以观赏烟火表演。米克罗里马诺港的阿克提·库莫恩多洛大街46号·210 412 4417·€€€€€

5 阿齐翁·格非西斯（Archeon Gefsis）
这里有古代美食家也赞叹不已的经典美食，例如公元前3世纪雅典人就品尝过的填满烤肝、苹果、栗子和葡萄干的烤乳猪。卡斯特拉港的艾皮达罗大街（Epidarou）10号·2104138617·www.arxaion.gr·€€

6 阿齐诺斯
这家浪漫的餐厅坐落在能俯瞰大海的岩石上。这里烹制的鱼，肉和奶酪甜点都独具风格。弗雷提达的阿卡提·特米斯托克利斯大街51号·210 452 6944·€€

7 迪亚西莫斯（Diasimos）
这个很受欢迎的小吃店由两个漆成蓝色的房屋组成，海边屋顶平台上还可以看到美丽的风景。弗雷提达的阿卡提·特米斯托克利斯大街306号·2104514887·€€

8 马格罗
这里的海鲜品种虽然有限却绝对新鲜好吃，其中有银鱼、胭脂鱼、鲤鱼和小虾。查兹克里亚库大街（Chatzikyriaku）126号·210 451 4226·周日晚上和8月休息·不接受信用卡·€

9 瓦斯里纳斯（Vassilenas）
这里的餐前小吃固定有16种，会以固定的顺序端上来，价格也一直不变。建议你去之前先打电话预订。圣索非亚（Agio Sofia）区艾托里库大街（Etolikou）72号·210 461 2457·周日和8月休息·不接受信用卡·€

10 科利亚斯（Kollias）
供应的新鲜鱼和做法独特的希腊海鲜食品味道鲜美，价格适中。由于不在市中心，你最好坐出租车去这个餐馆。塔伯利亚区（Tabouria）普拉斯特利亚大街（Plastira）3号·210 462 9620·周日休息·€€

注：除非另有说明，所有的餐馆都接受信用卡并提供素食

狂野之城

伊格纳

游艇俱乐部

十大酒吧和咖啡馆

1 狂野之城（Wild Thing）

是这一带首家新潮的咖啡馆兼酒吧，这里可以远眺德尔菲娜里奥的景色。到这里来的多半是30岁左右的人群。米克罗里马诺港的阿克提·迪拉瓦利大街16号

2 伊格纳（Iguana）

追求刺激的年轻人总是在这里成群结伴，听着快节奏的音乐跳着迪士高直到上午6点。如果跳累了，不妨上屋顶平台要一杯水喝。米克罗里马诺港的阿克提·迪拉瓦利大街15号

3 尼翁（Neon）

这个3层楼的大型夜总会外总停着不少敞篷吉普车和摩托车，夜总会里面的白色真皮扶手椅和中央空调使这里的气氛不至于太火暴。米克罗里马诺港的阿克提·迪拉瓦利大街5号

4 唐·凯赫提斯 (Don Kihotis)

这个酒吧坐落在山边，内部装潢具有浓浓的怀旧色彩。沿着木制楼梯走上屋顶平台，这里的景色如梦如幻，浪漫迷人。卡斯特拉区瓦希雷奥斯·帕弗罗大街（Vasileos Pavlou）68号

5 阿普·当（Up Down 意指上下）

这个风格前卫的酒吧供应各种咖啡、鸡尾酒和冰激凌，但这里最有特色的是水下的壁画和玻璃制的螺旋形楼梯——还有美丽的屋顶风光。米克罗里马诺港的阿克提·迪拉瓦利大街24号

6 爱的咖啡馆（Love Café）

这个名声颇响的餐吧内总是放着很响的音乐，客人也都很年轻，内部装饰则是20世纪70年代的风格，有着白色的塑料家具，而主色调则为大片大片的红色。米克罗里马诺港的阿克提·迪拉瓦利大街58号

7 Istioploikos

这是名人们聚集的热门场所，有巨大的屋顶酒吧，这里是俯瞰游艇码头最好的地点。米克罗里马诺港的游艇俱乐部·3月中旬至11月上旬开放

8 保龄中心咖啡馆

店内的装饰陈旧，但有一个宽阔的屋顶平台，可以看到从科斯特拉到雅典的所有美景。卡斯特拉，普罗菲提斯·伊利亚斯山

9 弗莱杜咖啡馆（Freddo）

坐在咖啡馆的花园中，欣赏着帕萨利马尼来来往往的船只，十分惬意。可以早上到这里喝咖啡，或下午吃冰激凌，喝杯餐前鸡尾酒，晚上喝一杯希腊白兰地。帕萨利马尼的亚力山德拉斯广场

10 硬摇滚咖啡馆 (Hard Rock Café)

这个阁楼式的咖啡馆有着真皮扶手椅和吵闹的摇滚乐，学生背包客和那些希望生活在别处的希腊人都对这里趋之若鹜。艾托里库大街28号·周末早上5点开始营业

A 格拉克西迪咖啡馆

底比斯

欧西奥斯 · 卢卡斯

德尔菲以北地区

当你驱车来到雅典北部郊区时，景色会立刻变得不同；具有古朴气息的绿树覆盖的帕尼萨山（Parnitha）开辟了通往地域广阔、景色变化多端的希腊中部的道路。斯特利亚 · 埃拉达（Sterea Ellada）地区群山重叠，最外围是许多海滨小镇，这一地区还有不少拜占庭修道院和古代遗址。德尔菲是这一地区当之无愧的明星，也是希腊最美丽的古典主义建筑风格的遗址。在这里传说中的神谕预言了俄狄浦斯的悲惨命运。德尔菲周边地区的景色格外优美，最适合游泳、徒步旅行和滑雪。

德尔菲的古代废墟

10 十大景点

1. 达夫妮修道院
2. 厄琉西斯
3. 帕尼萨山
4. 依维亚岛
5. 底比斯
6. 欧西奥斯 · 卢卡斯
7. 阿拉齐瓦
8. 帕纳索斯山
9. 德尔菲
10. 加列克西帝

前页为苏纽角的波塞冬神庙

厄硫西斯

1 达夫妮修道院（Dafni）

这个秀丽的修道院是拜占庭王国最珍贵的遗产之一，修道院内的马赛克镶嵌画是此类艺术手法最登峰造极的表现。这个修道院现正处于修复中，因此暂时关闭，预计会在2006年重新开放。地图T2 · 210 581 1558 · 可从埃勒弗特里亚斯广场乘坐A16路公共汽车到厄硫西斯（上车后30分钟左右到达夫妮修道院）

2 厄琉西斯（Eleusis）

1400多年来这里一直是希腊最神圣的地方，厄琉西斯修道院有数千名朝圣者，侍奉着著名的自然女神得墨忒耳（Demeter）和她的女儿珀尔塞福涅（Persephone）。如今厄琉西斯却变成了希腊最丑陋的地方——一个被严重污染的工业城市。这里也有些零散的遗址以及一个试图宣扬这些遗址的博物馆。地图S2 · 210 554 6019 · 乘坐A16路公共汽车可到此 · 开放时间：周二至周日早上8点30分至下午3点 · 凭票入内

3 帕尼萨山（Mount Parnitha）

这个处于雅典郊外的美丽的大山有着密密的森林，森林中也有几条小路供游人穿行或作徒步旅行。春天这里满山遍野都是盛放的野花，山上有两个为爬山者所设的神庙和一个巨大的附设娱乐场的高山旅馆。从特拉克马克多恩（Thrakomakedone）坐缆车可到这个旅馆，这里也是到山上散步去的一个很好的出发点（见138页）。地图T2

4 依维亚岛（Evia）

这是希腊第二大岛屿，与希腊大陆距离之近只需跨越一座桥就能到达。每天从雅典的拉里萨车站（Larissa station）出发，有好几班火车到达依维亚的中部城市加尔基达（Chalkida）。岛上从南到北有几座大山，山上散落着一些村庄，非常适合周末作徒步旅行。如果你平时驱车前往依维亚岛的最北部的海滩，还可以泡泡那里的热温泉。地图T1 · 加尔基达旅游局电话：222 107 7777 · 火车时刻表和价格咨询电话：210 529 7777

达夫妮修道院的回廊

5 底比斯（Thebes）

底比斯城曾是迈锡尼文明最重要的发源地之一，也是俄狄浦斯的悲剧发生地方。尽管现

德尔菲的神谕

神谕是将神的旨意通过阿波罗庇护所中的一位女祭司传达出来，这位女祭司必须经历一种意识转换仪式，这个仪式可能包括嚼食月桂树叶和罂粟，然后吸入从德尔菲自然形成的山谷中升腾起的蒸汽。女祭司传达神谕的时候会发出模糊不清的叫喊，最后由男祭司将这些神谕翻译成韵文。

在已几乎没有任何与底比斯有关的遗址保存下来，而现代底比斯城也没有什么风景可观，只是为了考古博物馆里众多璀璨的迈锡尼文明遗留下的古文物，底比斯还是值得一看。地图S2 · 每小时都有公共汽车从长途汽车B站出发到此 · 博物馆开放时间：4月至9月：周一中午12点至晚上7点，周二至周日早上8点至晚上7点；10月至3月：周一上午10点30分至下午5点，周二至周日早上8点至下午3点 · 凭票入内

欧西奥斯 · 卢卡斯的穹顶

6 欧西奥斯 · 卢卡斯 (Osios Loukas)

这是希腊最美丽的修道院之一，地处风景优美的山区，修道院外是一个山谷，穿过这个山谷就是巍峨耸立的埃里克纳斯山脉(Elikonas)，修道院内还有精美的拜占庭风格的壁画。修道院的两座风格迥异的教堂建于11世纪，内有壮观的马赛克镶嵌画和大理石肖像画及大理石装饰品。地图R1 · 开放时间：每日早上8点至晚上7点（5月至9月：下午2点至4点关闭）· 凭票入内

7 阿拉齐瓦 (Arachova)

参观德尔菲和帕纳索斯山的时候可以住在这个小山村里，有钱的雅典人冬天特别喜欢到这里来度假，因此这里的房价冬天比较高。村里最主要的一条大路上满是商店，出售当地出产的地毯、蜂蜜和奶酪。而沿着一条条石头铺就的小路在小村里游荡则是最惬意的事情。地图R1 · 旅游局电话：226 703 1630 · 每日有几班公共汽车从长途汽车B站出发到此，汽车中途会在德尔菲停留

8 帕纳索斯山 (Mount Parnassos)

尽管这座山有一部分已被开发，这里仍然是滑雪和观景的胜地。一到春天这里满山都是野花，最适合徒步旅行。这里最高的山峰也是游客最常去的地方是利亚库拉峰(Liakoura)。体力充沛的游客可以清早从阿拉奇瓦出发途经德尔菲然后走到这里，当然整个旅程需要一个导游带路。对大部分人来说最佳的出发地点则是阿拉奇瓦以北20公里处、海拔1900米（6700英尺）高的希腊阿尔卑斯山俱乐部的庇护所。地图R1 · 希腊步行旅游公司（Trekking Hellas）：210 331 0323 · 帕纳索斯山滑雪中心（Parnassos Ski Centre）：226 704 2767

德尔菲

参观修道院和教堂时请不要露出手臂和腿部

加列克西帝

9 德尔菲（Delphi）

根据希腊神话传说，宙斯曾将两只鹰从宇宙的两端放出来后看看它们在哪里相聚，而德尔菲就是这两只鹰相聚的地方，也就是世界的中心。人们一直将这个地方与巨大的神秘力量联系在一起，而这里高耸的山峰、密布的深谷和奔涌的山泉都表明这里曾有剧烈的地壳运动。古代女祭司在这里传达德尔菲的神谕，这些神谕寓意深远，对未来有着强大的预示作用。阿波罗受命掌管这些神谕，因此这里有数量众多的祭司阿波罗和神谕的神庙。（见114页）

10 加列克西帝（Galaxidi）

加列克西帝，是科林斯海湾(The Gulf of Corinth）上的一个海边度假村，这里风景迷人却并非大名鼎鼎。游客在参观德尔菲时通常也会到这里一游。地处碧绿的大海和青葱的大山之间，加列克西帝一派宁静、祥和的田园风光，只是在夏季的周末雅典人会蜂拥而至，将这里的咖啡馆挤得水泄不通。只要不是周末，你尽可以徜徉在这里美丽的海滩和19世纪风格的建筑物之间流连忘返。

从雅典驱车去德尔菲一日游

第一天

从雅典出发，到达德尔菲大概需要3个小时。途中可以去风景如画的达夫妮修道院（见111页）和欧西奥斯·卢卡斯修道院稍事休息。

快到德尔菲的时候，如果此时是夏季你可以去海边小镇加列克西帝，如果是冬季则可以到白雪覆盖的山村阿拉齐瓦去看看。如果是在加列克西帝，你不妨住在迷人的加尼米德旅馆（Ganimede），午后则去海滩上走走。如果是在阿拉奇瓦，你可以考虑住在美丽的埃拉托斯度假村(Elatos Resort，见146页）的某个家族城堡内。在这儿你可以选择下午去帕纳索斯滑雪中心滑雪，或是探一探山中小径。

第二天

一清早你可以去德尔菲古遗址，参观完遗址你也许会想去阿波罗神庙转转，冥想一下当年的女祭司传达神谕前所经历的古怪仪式。记住千万不要错过那里的博物馆或附近的雅典娜·普罗纳亚神庙。（见114页德尔菲景点的介绍）。

如果你急着返回雅典，可以在走之前去德尔菲的瓦克赫斯小吃店（Taverna Vokhos，见115页）吃一顿简便的快餐。如果你并不着急，可以在加列克西帝和阿拉奇瓦找到更多的美食，不妨试试加列克西帝的巴克·提斯·马利萨斯餐馆（Barko tis Maritsas）的贻贝或阿拉奇瓦的卡拉欧利餐馆（Karaouli）的酱汁和烤固体奶酪（见115页对这两个餐馆的介绍）。

去往雅典北部如德尔菲，底比斯和加列克西帝等地的公共汽车都从利奥西恩大街（Liossion）260号的长途汽车B站出发

帕纳索斯山

德尔菲剧场

TOP10 德尔菲十大景点

1 圣路 (Sacred Way)
这条道路是阿波罗到达德尔菲时所走的道路，阿波罗神庙为这条路的终点。高耸的帕纳索斯山和幽深的峡谷使人不由心生敬畏之意。

2 阿波罗神庙 (Temple of Apollo)
这个神庙内有一个锥形石，标志着这里是世界的中心，石上刻有神谕。几乎所有的古代作家都提到过世界各地的统治者都曾派使者带着丰厚的祭品到这里聆听神的旨意。

3 西弗尼安宝库 (Sifnian Treasury)
这个类似神庙的大理石建筑由西弗诺斯（Sifnos）的使者命人修建，是所有同类建筑中最壮丽的一个，这些建筑都是用来作为获得神谕的供品。宝库内的雕像现存放在博物馆中。

4 雅典宝库 (Athenian Treasury)
在这个宝库的中楣上，雅典人描述了他们的英雄特修斯和赫拉克勒斯的事迹。后者的12件伟业（Twelve Labours）就是按神谕的要求完成的。

5 德尔菲剧场 (Delphi Theatre)
这个剧场兴建于公元前4世纪，是希腊保存得最完好的古代剧场之一。在剧场内还可以一览整个德尔菲遗址的景色，特别是使德尔菲显得异常神圣的变幻多姿的自然景观。

6 罗马市场 (Roman Aogra)
这个市场内全是兜售圣物的摊位，游客可以买到为聆听神谕在最后时刻献上的供品。

7 雅典娜·普罗纳亚神庙 (Sanctuary of Athena Pronaia)
这个以战神雅典娜的名义建立的神庙据说可以保护阿波罗神庙免遭侵略。尽管有些建筑已被损毁，遗留下来的建筑物仍是古代希腊建筑艺术的典范。

8 地球女神神庙（Santuary of the Earth Goddess）
这个绕着地上的一个洞穴围成的岩石圈是为了纪念第一位获得德尔菲神谕的神：地球女神。由女祭司获得神谕的仪式依然流传了下来，但神谕的守护神后来变成了阿波罗。

9 卡斯特里安喷泉 (Castalian Spring)
这个喷泉现在已完全干涸，但朝圣者们进入圣址之前曾用它净化身体。现在你仍能看到喷泉之外雕刻精致的小屋。

10 博物馆 (Museum)
这个博物馆内收藏了世界各地为获得神谕敬献的供品。联系电话：22650 82312・开放时间：夏季：每日早上7点30分至晚上6点45分；冬季：每日早上8点30分至下午3点・凭票入内

德尔菲的景点分布在约2公里（1英里）的范围内，需要一整天才能参观完所有景点；参观德尔菲的门票只包括主要景点

价格分类

以每人	€	不到30欧元
三道菜及	€€	30～40欧元
半瓶酒，加上	€€€	40～50欧元
消费税和其他	€€€€	50～60欧元
费用	€€€€€	超过60欧元

德尔菲的瓦克赫斯小吃店 阿拉奇瓦的卡普兰尼斯餐馆

TOP 10 雅典北部十大餐馆

1 瓦克赫斯小吃店

尽管德尔菲遗址的景色美不胜收，那里的餐馆却并不出色，除了这个家族经营的小吃店。小吃美味可口，还可欣赏到科林斯海湾的景色。德尔菲的阿波罗诺斯大街31号 · 地图Q1 · 2265 083 186 · €

2 Topiki Gefsi

即使这里的服务不是那么完美，这里的食物和周边的景色却令人难忘。德尔菲的帕弗罗和弗雷德里克斯大街 · 地图Q1 · €

3 巴克 · 提斯 · 马利萨斯餐馆

这家位于海滩上的小吃店很受欢迎，全年都营业。这里的贝类食物是当地的特产——或炙烤，或煎炸或用酱汁腌制。这里自制的蔬菜馅饼也非常好吃。加列克西帝的兰瑟斯，阿姆菲萨 · 地图Q1 · 2265 041 059 · €

4 波托小吃店 (Porto Taverna)

游完一天泳后到这个坐落在海边的小吃店饱餐一顿是不错的选择。这里有便宜好吃的当地海鲜。加列克西帝的阿克提 · 欧伊安特斯41号 · 地图Q1 · 2265 041 182 · €

5 卡拉欧利

装饰风格简洁传统，但食物却很美味。一定要尝尝这里又香又辣的阿拉奇瓦酱汁和填满馅料的辣椒。阿拉奇瓦的埃勒弗特里欧 · 万尼泽鲁大街 · 地图R1 · 2267 031 001 · 9月至次年6月（9月和10月：只有周末营业）· €

6 卡普兰尼斯 (Kaplanis)

这家风味独具的小吃店装饰独特，有着闪闪发光的枝形吊灯。如果你春天去这家小店，一定要尝尝这里的油炸小胡瓜花(Zucchini)。这里全年都供应烤肉酱。阿拉奇瓦的特罗匹欧广场 · 地图R1 · 2267 031 891 · €

7 贝比丝 (Babis)

在寒冷冬天的周末，这里是能让你感觉到温暖的地方，劈啪作响的壁炉使一切都笼罩上了一抹暖色。到那儿去吃一碗热热的、香香的洋葱焖兔肉。阿拉奇瓦的卡尔维亚 · 帕纳索大街 · 地图R1 · 22670 32155 · 10月至次年4月：每日中午营业，周末只在晚上营业 · €

8 恩伯里克 (Emboriko)

人们在滑完雪之后常到这里来喝上一杯暖暖的咖啡或饮料，或是吃点心。这里提供简单的晚餐，包括意大利面、炖菜和牛排。阿拉奇瓦 · 地图R1 · 22670 32467 · 10月至次年5月：每日营业，只在晚上供应正餐 · €

9 帕拉迪索斯 (Paradissos)

这家其貌不扬的小吃店开在去依维亚最北端的路上。周围的环境青翠可人，店内的羊肉鲜嫩可口，自己种的土豆也非常新鲜。依维亚岛的达夫妮 · 地图S1 · 2227 092 172 · €

10 Kapetanios

这个小店坐落在教堂旁边，供应的海鲜品种丰富，可以不加任何调料或是以奶酪煎炸。依维亚，尼亚 · 兰普萨克斯的圣特莱弗纳斯广场 · 地图T1 · 22210 28191 · €

注：除非另有说明，所有的餐馆都提供素食；大部分小吃店都要求支付现金

迈锡尼遗址

罗马港科克瑞斯

纳弗波里欧的街景

进入伯罗奔尼撒半岛

伯罗奔尼撒半岛是雅典之外在希腊神话和历史中占据最重要位置的地区。荷马在《伊利亚德》中所描述的迈锡尼王国曾一度被认为是传说，直到19世纪德国考古学家海因里希·谢里曼在阿尔戈斯半岛（Argive Peninsula）发现了迈锡尼文明令人赞叹的宫殿。如今这些遗址和雅典的其他考古遗址已成了希腊最重要的历史古迹。然而，与雅典不同的是这些传奇的原貌——不管是荷马所描述的大批军队集结的平原还是尼米亚的原野（赫拉克勒斯曾在这里赤手空拳将一头狮子打死）——数千年来几乎没有什么变化，使这一地区成了希腊最美丽也最令人向往的地方。

尼米亚的宙斯神庙

科林斯卫城的马赛克镶嵌画

TOP 10 十大景点

1. 科林斯运河
2. 古代科林斯遗址
3. 科林斯卫城
4. 盖亚葡萄酒庄园
5. 尼米亚
6. 迈锡尼遗址
7. 阿戈斯
8. 特里尼斯
9. 纳弗波里欧
10. 埃皮达罗斯剧场

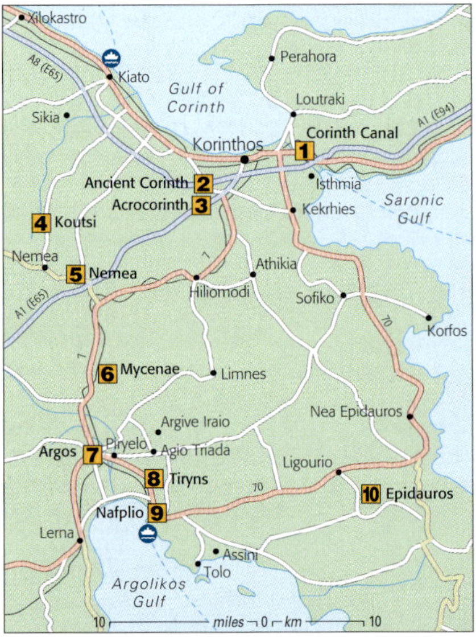

1 科林斯运河 (Corinth Canal)

科林斯运河

连接希腊大陆和伯罗奔尼撒半岛的地峡数千年来曾使无数水手闻之色变，因为这个地峡他们不得不绕着半岛进行长距离的危险航行。从亚历山大大帝到罗马皇帝尼禄(Nero)和卡利古拉，每个人都试图在两地之间挖掘一条运河，但1893年法国工程师们用炸药炸开了岩石之后这条运河才真正开掘成功。坐船跨越这条长6公里(4英里)的运河需要大约1个小时。地图R3

2 古代科林斯遗址 (Ancient Corinth)

科林斯位于伯罗奔尼撒半岛和希腊大陆之间，迈锡尼时期这里曾是一个富庶繁荣的商业中心。物质财富的丰富导致了人们过着狂乱放肆的生活，例如一夫多妻或一妻多夫制或是纵欲狂欢。圣保罗曾在《圣经》的“科林斯人”一章中不无忧虑地提及他们的放纵的生活方式。19世纪之后，科林斯逐渐衰落成为一个狭小平凡的城市。这个城市曾经的辉煌只能在大量的历史遗迹中才能窥见一斑，这些历史遗迹中最著名的当属公元6世纪前兴建的阿波罗神庙、古罗马市场和古罗马剧场。地图R3 · 考古遗址开放时间：夏季：每日早上8点30分至晚上7点；冬季：每日早上8点至下午3点 · 凭票入内

3 科林斯卫城 (Acrocorinth)

这个科林斯城外高耸的岩石是古代希腊最强大的天然屏障。古朴主义时期岩顶上曾有一座著名的阿芙罗狄忒神庙。如今这里的建筑物多半属于中世纪的土耳其风格。要爬上山顶相当吃力，但你可以饱览美丽的景色，这样也就不虚此行了。地图R3 · 开放时间：每日早上8点30分至晚上7点 · 免门票

4 盖亚葡萄酒庄园 (Gaia Wines)

近年来希腊葡萄酒业已逐渐赢得国际上的认可，并为希腊阳光普照的土地和本土葡萄引进了先进的耕种技术。盖亚是希腊最好的葡萄酒庄园之一，这里利用尼米亚的阿吉欧基提克(Aghiorghitiko)红葡萄酿造的葡萄酒具有深色天鹅绒般柔滑的色泽。库兹 (Koutzi) 地图R3 · 27460 22057 (组织参观和品酒之前请电话预订)

进入科林斯卫城的入口

从雅典基菲索大街 (Kifissou) 100号的长途汽车A站每天有几班去科林斯的公共汽车 (单程耗时一个半小时)

5 尼米亚(Nemea)

这里是赫拉克勒斯完成第一件伟业的地方：杀死一头尼米亚雄狮。由于狮子的皮肤无法穿透，赫拉克勒斯将其扼死，并剥下它的皮作为自己的战衣。这是与尼米亚运动会相关的几个神话之一，而尼米亚运动会也成为泛希腊运动会的一部分。尼米亚最值得一看的就是曾举行过运动会的大体育馆。地图R3 · 开放时间：每日早上8点30分至下午3点 · 凭票入内

特里尼斯城外的“塞克洛普城墙”

6 迈锡尼遗址(Mycenae)

传奇和历史在这里有机地结合在了一起。荷马描述了希腊最强大的国王阿加门农在特洛伊战争中在大本营讲话时曾提到“建筑考究、遍地是黄金的迈锡尼”。历史证明特洛伊战争确实发生过，也确实存在以迈锡尼为中心的繁荣的文明。1874年当海因里希 · 谢里曼在迈锡尼发现了宫殿的遗址时，一切与荷马的描述完全一致，当然也包括那些黄金宝藏。地图R3 · 开放时间：夏季每日早上8点至晚上7点；冬季每日早上8点至下午3点 · 凭票入内

7 阿戈斯(Argos)

这里据考证是希腊历史最悠久的城市，如今的城市就建立在古代城市的遗址之上，所以游客只能怀想却没有什么古迹可看。幸运地是这里公元前4世纪修建的剧场和藏品丰富的博物馆还是值得一看。你还可以自己驾车去中世纪的拉里萨城堡（Larissa）和阿斯皮斯城堡（Aspis），这两个城堡都可以俯瞰荷马的书中曾经描述过的平原。地图R3 · 考古遗址开放时间：周二至周日早上8点30分至下午3点 · 凭票入内

8 特里尼斯(Tiryns)

这是迈锡尼文明最重要的城市之一。城外以石灰石筑起的防御工事非常巨大，以至后来的希腊人认为只有巨人塞克洛普（Cyclop）才能完成——考古学家们提到这个城墙时用的仍是“塞克洛普城墙”。尽管特里尼斯不像迈锡尼那样庞大，但保存更完好，特别是城内的古代宫殿和市政厅。地图R3 · 夏季每日早上8点至晚上7点；冬季周一至周六早上8点至下午5点 · 凭票入内

9 纳弗波里欧(Nafplio)

海滨小城纳弗波里欧是希腊最美的城市之一。土耳其人和威尼斯人为了这个城市争战多年，因此城市里留下了两座建于山顶的威尼斯堡垒和几座土耳其清真寺。

埃皮达罗斯剧场

要去伯罗奔尼撒半岛最好从纳弗波里欧出发，每天从雅典基菲索大街（Kifissou）100号的长途汽车A站都有几班公共汽车去纳弗波里欧

纳弗波里欧

1821年希腊人赢得独立后占领了这个城市并将之定为首都，直到雅典取而代之。地图R3 · 旅游局地址：马提欧大街（Martiou）25号 · 2572 024 444

10 埃皮达罗斯剧场 (Epidauros)

这个公元前4世纪修建的剧场是希腊最有价值的考古遗址之一，这个剧场保存极其完好，音响效果绝佳（见60～61页）。剧场外是开阔的阿斯克利皮翁（Asklepion），一个古代敬献给健康之神阿斯克利皮奥斯（Askelipios）的温泉疗养胜地。地图S3 · 开放时间：夏季每日早上8点至晚上7点；冬季每日早上8点至下午3点 · 凭票入内

大力士赫拉克勒斯

赫拉克勒斯是天神宙斯的私生子，因此受到宙斯妻子、天后赫拉的嫉恨，于是她设下诅咒，让赫拉克勒斯发疯杀死了自己的妻子，为了赎罪，赫拉克勒斯必须在伯罗奔尼撒半岛完成12个艰巨的任务，最终赫拉克勒斯凭借自己的非凡能力完成使命，涤净罪恶，广受赞誉。讽刺的是，这一切都被归功于爱嫉妒的天后，因为赫拉克勒斯这个名字意为“赫拉的荣耀”。

在纳弗波里欧过夜

白天

在夏天的某个周末去纳弗波里欧，出发之前就买一张埃皮达罗斯古剧场的演出门票（见65页）。

可以早上坐从雅典的长途汽车A站出发的公共汽车，但记住得事先订好旅馆。最好的旅馆是纳弗波里欧宫，而阿克洛纳芙帕里亚膳宿公寓（Pension Acronafplia）价钱较便宜，也同样很舒适。

这一天你都可以待在纳弗波里欧古城。记得买点饮料和小吃，带着它们去威尼斯堡垒，登上堡垒后你可以一览纳弗波里欧和阿戈斯海湾的景色。如果你觉得自己身体够健康，可以爬完999级台阶到达堡垒的顶端，不行的话就搭出租车。

然后到堡垒下的海滩上休息一会儿。如果你想要清静，可以沿着海边步行小道独自散步或是去海里潜水。

晚上

如果感觉饥饿，就去卡纳利斯（Kanaris，见121页）饱餐一顿，记住在7点30分之前返回公共汽车站，然后前往埃皮达罗斯剧场。即使演员是用希腊语表演，他们动人的表演和具有魔幻色彩的背景也会将你深深吸引住。那里的演出一般有英文剧情介绍。欣赏完演出后乘公共汽车返回纳弗波里欧，然后美美地睡上一觉。

第二天早上退房，但可以把行李寄存在旅馆，坐第一班公共汽车去迈锡尼遗址（你前一晚看过的演出也许就是以迈锡尼人为主角）。在这个传奇性的史前文明遗址流连几小时，然后返回纳弗波里欧，最后搭乘公共汽车回雅典。

伊斯米亚

鲁特拉吉的瀑布

科克莱斯

TOP10 十大休憩之所

1 佩拉赫拉（Perahora）
尽管赫拉神庙已没有什么遗存下来，这里仍是一个风景如画的好地方，很适合游泳。这里有一个精致的灯塔和小礼拜堂，以及水晶般透明的海水。潜水者们还能在水下看到古代遗址的废墟。地图R2 · 夏季每日早上8点至晚上7点；冬季每日早上8点至下午3点 · 凭票入内

2 鲁特拉吉（Loutraki）
鲁特拉吉的温泉非常有名，因此这里是雅典人周末常来的地方。这里最受欢迎的是水疗热温泉（Hydrotherapy Thermal Spa），这里还有一个赌场，并且据说是欧洲最大的赌场之一。地图R2 · 水疗热温泉地址：G 勒卡大街（Lekka）26号 · 2744 028 498

3 伊斯米亚（Isthmia）
这个古代遗址的大部分已被损毁，但考古爱好者还是想到这里来看看波塞冬神庙（Sanctuary of Poseidon）和曾举行过泛希腊运动会的体育馆。地图R3 · 27410 37244 · 每日早上8点30分至下午3点 · 凭票入内

4 科克莱斯（Kekhries）
这个遗址是特修斯打败巨人西尼斯（Sinis）的地方，西尼斯曾将整棵松树当做弹弓把敌人弹进大海。如今这个美丽的海滨小镇是开车前往埃皮达罗斯剧场途中休息一下的最佳选择。地图R3

5 西吉亚（Sikia）
和附近的埃克斯罗卡斯特罗(Xylocastro)一样，游客在游了一个下午的泳之后，可以在这个安静的海边渔村的餐馆内享受刚捉上来还带着花香的鱼，然后品尝当地产的美酒。地图R2

6 阿戈斯赫拉伊翁（The Argive Heraion）
这个献给赫拉女神的神庙建于公元前7世纪到前4世纪，安静幽雅，可俯瞰阿戈斯平原的美景。纳弗波里欧东南部的依莱欧（Iraio） · 地图R3 · 周二至周日早上8点至下午5点 · 凭票入内

7 斯库拉葡萄酒庄园（Skoura Wines）
斯库拉以其高品质的白葡萄酒著名，特别是这里酿制的果香味浓郁的夏敦埃酒（chardonnays）在希腊更是绝无仅有。要到酒庄参观和品酒请提前几天电话预约。阿戈斯附近的皮莱罗（Piryelo） · 地图R3 · 27510 23688

8 勒纳（Lerna）
这是希腊最古老的历史遗址之一，其历史可追溯到公元前4000年。地图R4 · 周二至周日早上8点至下午3点

9 圣莫尼（Agia Moni）
纳弗波里欧城外的拜占庭式女修道院和花园建于公元12世纪，是散步休息的最佳场所。这里的修女们常出售自己缝制的纺织品。纳弗波里欧附近 · 地图R3 · 免门票

10 阿西尼（Asini）
这个已被遗忘的希腊铜器时代的早期遗址其实是一个游泳的好地方。诺贝尔奖获得者乔治·塞弗里斯也有同感，他在一首颂诗中就曾提到这是一个“被世人遗忘的角落，甚至连荷马也不知道它的存在”。地图R4

价格分类：		
以每人	€	不到30欧元
三道菜及	€€	30～40欧元
半瓶酒，加上	€€€	40～50欧元
消费税和其他	€€€€	50～60欧元
费用	€€€€€	超过60欧元

纳弗波里欧的帕利欧·阿克恩提克小吃店

TOP 10 十大餐馆

1 帕利欧·阿克恩提克小吃店(Taverna Paleo Archontiko)

这个家族经营的小吃店栖身在一栋古老的大楼内，当地人最爱到这里来一饱口福。他们最喜欢的是用葡萄酒烹制的禽类、炖猪肉或是西红柿酱烹制的兔肉。纳弗波里欧的皮西兰多大街（Ypsilandou）和索福罗尼大街（Sofroni）·地图R3·2752 022 449·€

2 卡纳利斯Kanaris(卡拉曼利斯Karamanlis)

前总统康斯坦丁·卡拉曼利斯是这个小店最忠实的顾客。一定要尝尝这里的填满馅料的卷心菜叶和尤维兹（Yiouvetsi，意指意大利面配烤肉），还要喝上一杯松香味葡萄酒。纳弗波里欧的波波利纳斯大街（Bouboulinas）1号·地图R3·2752 027 688·€

3 斯皮里亚（Spilia）

这个小吃店一直被认为是希腊最好的小吃店之一，这里供应的当地特色小吃能满足所有人最挑剔的要求。不妨尝尝这里的焖羊肉和嫩朝鲜蓟，再配上尼米亚葡萄酒庄园出产的葡萄酒。阿戈利达，科菲拉利的特里波利欧斯大街165号·地图R3·2751 062 300·€

4 欧·萨瓦斯（O Savas）

萨瓦斯自己栽种鳄梨树，这个以水果为主的小吃店所有菜都会配上鳄梨。纳弗波里欧附近的尼亚·吉奥斯（Nea Kios）·地图R3·2751 051 425·€

5 麦基奈科（Mykinaiko）

这个家族经营的小店就在迈锡尼遗址旁边，这里供应的小吃虽然简单却香味十足：填满馅料的卷心菜叶和茄子以及可口的羊肉派。再一次提醒你，不要忘了尝尝这里酒劲十足、颜色深沉的特产尼米亚葡萄酒。迈锡尼遗址·地图R3·2751 076 724·€

6 欧·特奥多拉吉斯小吃店(Taverna O Theodorakis)

科林斯的餐馆大都很一般，除了特奥多拉吉斯。这里的海鲜鲜美绝伦，最美味的当属沙丁鱼和枪乌贼。塞弗里大街（Seferi）8号·地图R3·2741 022 578·€

7 24小时营业餐馆(Restaurant 24 Hours)

这个餐馆全天营业，供应的食物从小吃到干果片到意大利面应有尽有。科林斯的圣尼可拉奥大街19号·地图R3·2741 083 201·€

8 欧·卡沃斯（O Kavos）

这个浪漫的海边小店供应的烤鲜鱼比科林斯任何一家餐馆的都要好吃。离科林斯8公里的伊斯米亚·地图R3·2741 037 906·€

9 麦斯特拉利（Maistrali）

这个颇受欢迎的鱼餐馆总是挤满了当地人和旅游者，享受分量十足的炭烤鱼和种类众多的奥苏酒和齐普罗酒（tsipouro）。鲁特拉吉的波塞冬诺斯大街（Possi-donos）83号·地图R2·2744 061 699·€

10 勒奥尼达斯（Leonidas）

埃皮达罗斯剧场的演出结束后，演员和观众都会到这个小店来。这里的猪排和填满馅料的葡萄叶很不错，后花园也很美。埃皮达罗斯剧场外的主路·地图S3·2753 022 115·€

注：除非另有说明，所有的餐馆都提供素食；大部分小吃店都要求支付现金

吉利法达

拉姆诺斯遗址

阿提卡海岸

早在公元前5世纪时，古希腊人就在阿提卡周围松树密布、郁郁葱葱的群山上修建大理石神庙，纪念他们的众神和先知。这里也曾是传说中的特修斯曾经巡游的地方，是他使阿提卡免遭怪物的蹂躏。半岛最南端的苏纽角上有一座令人赞叹的波塞冬神庙，这座神庙就像爱琴海上的一座灯塔闪烁着耀眼的光芒。如今的阿提卡显然有部分地区已经沦为过度开发的牺牲品，但绿树掩映下的一座座散发着迷人光辉的神庙、美丽的沙滩和海岸沿线往南那些奢华的夏季夜总会使阿提卡的魅力仍然不减当年。

TOP 10 十大景点

1. 吉利法达
2. 沃立歌美尼
3. 沃立歌美尼湖
4. 波塞冬神庙
5. 瓦沃罗纳的阿尔忒弥斯神庙
6. 拉斐那
7. 马拉松古战场
8. 西尼亚斯
9. 拉姆诺斯遗址
10. 安菲阿拉俄斯神庙

沃立歌美尼

沃立歌美尼湖

1 吉利法达（Glyfada）

这是一个富庶繁华的海边度假地，夜生活也非常丰富。这里有无数设计师开设的专卖店和昂贵的咖啡馆。白天你可以在这里疯狂购物，晚上则去那些时尚夜总会尽情跳舞直到天明。地图T3 · 从雅典坐E2或A2路公共汽车到此

2 沃立歌美尼（Vouliagmeni）

这是雅典南部一个较大的海边度假村，这里有豪华的旅馆，游艇俱乐部，高价的付费海滩。但最吸引雅典人的还是这里的海边俱乐部，也是夏季来此度假的人们晚上流连的主要场所。这里的气氛终年不变，总是那么欢乐和无拘无束。唯一能和这里抗衡的只能是那些美丽小岛、异域风情和温泉度假村。地图T3 · 从雅典坐E22路公共汽车到此

3 沃立歌美尼湖（Lake Vouliagmeni）

每年吸引无数游客来此的是温暖而有水疗功能的沃立歌美尼湖，这里的水温常年保持在22℃～25℃（70° F～77° F）左右，半海水的温泉的源头至今仍不为人所知，但常在这里泡温泉的人坚信温泉有治疗的功效。寒冷冬天的早晨到这里来游泳是最惬意不过了，还可以欣赏湖这边的山岩和另一边的森林。地图T3 · 210 896 2239 · 雅典坐E22路公共汽车到此 · 夏季早上6点30分至晚上8点；冬季早上7点30分至下午5点 · 凭票入内

4 波塞冬神庙（Temple of Poseidon）

这个公元前5世纪修建的神庙是少数几个献给海神波塞冬的神庙之一。神庙坐落在苏纽角的最高处，下面则是清澈湛蓝的爱琴海，透过神庙仅存的几根大理石柱欣赏落日的余晖之后，你也许会和浪漫诗人拜伦发出同样的感慨。他请求众神“让我登上苏纽的石崖，那里只剩下我和海浪，只听见我们低声应答；让我像天鹅，在死前歌唱”（见45页）。地图T3 · 2292 039 363 · 从雅典的KTEL总站坐公共汽车到此（整个旅途耗时两小时）· 夏季和冬季：每日上午9点至日落 · 凭票入内

5 瓦沃罗纳的阿尔忒弥斯神庙（Sanctuary of Artemis, Vavrona）

这座神庙是献给狩猎和生育女神阿尔忒弥斯的，曾经是阿提卡地区最重要的神庙之一。这里每年

海神庙

去往阿提卡附近所有景点的公共汽车都从雅典的马弗罗马蒂翁（Mavromateon）的KTEL汽车总站出发

瓦沃罗纳的阿尔忒弥斯神庙

都要举行“熊节”，即几个小女孩打扮成幼熊的样子模仿幼熊跳舞，这是因为熊是这位女神最喜爱的动物。当阿加门农王将自己的女儿伊菲格尼（Iphigenia）作为牺牲品献给阿尔忒弥斯女神时，女神挽救了她的生命，并将她带到这里，在这里她成为一位高级女祭司。她的坟墓是神庙旁最古老的神祠。如今这个神庙保存依然完好，四周绿树环绕，安宁平静。神庙旁的博物馆内展出了一些祭仪用品。美索吉亚（Mesogia）的马可波罗大街·地图T3·周二至周日早上8点30分至下午3点·凭票入内

6 拉斐那（Rafina）

如果你去到安德罗斯岛（Andros）或是依维亚岛（Evia），不要忘了去拉菲那。拉菲那是阿提卡区仅次于比雷埃夫斯的第二大港口。虽然面积小于比雷埃夫斯，拉菲那更干净，也更安静，但这里仍然很繁荣，有不少鱼餐馆和街头小贩。如果你有足够的时间，可以坐一辆小巴去海滩，海滩上有一家酒吧。如果你有足够的勇气，可以爬上海边的岩石和当地的小孩子一块玩刺激的悬崖跳水。地图T2·从KTEL汽车总站坐到马弗罗马蒂翁（Marvr-omateon）

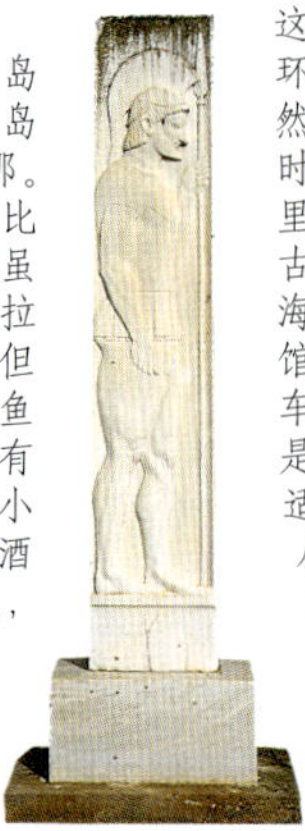

马拉松战场上的墓碑

7 马拉松古战场（Marathonsa）

公元前490年马拉松平原爆发了希腊历史上最重要的战役之一——马拉松战役。由1万名希腊人和布拉泰亚人（Plat-anean）组成的军队打败了有2.5万人的波斯军队，保卫了雅典的民主。为纪念阵亡的192名士兵（波斯军队则有6000人阵亡），人们为他们建起了一座坟墓。赢得胜利后，一位善跑的士兵斐迪庇得斯（Phfidippidis）长途跋涉42公里（26英里）一路跑到雅典宣布这个好消息，到达终点时他终因精疲力竭倒地而死。这里还建立了一座博物馆展出遗址中发掘出的文物。地图T2·马拉松阵亡将士墓联系电话：2294 055 462，考古博物馆联系电话：2294 055 155，两处参观点的开放时间都为：周二至周日早上8点30分之下午3点·每日有公共汽车从马弗罗马特翁总站出发到此·两处都凭票入内

8 西尼亚斯（Schinias）

很多人都认为西尼亚斯是阿提卡地区最美的海滩，因为这里沙滩洁白如雪，周围又环绕着郁郁葱葱的松树林。然而这一区域2004年奥运会时却经历了巨大的改造，这里新建了一个人工湖以及考古和环保公园。曾经安静的海岸如今也是人声鼎沸，餐馆林立。但如果你是自己驾车，并且避开了周末，你还是可以找到一些不那么嘈杂、适合游泳的海滩。地图T2·从马弗罗马特翁总站坐公共汽车到此

9 拉姆诺斯遗址（Ramnous）

献给复仇女神涅墨西斯（Nemesis）和献给司法女神忒提斯（大力士阿

西尼亚斯海滩上的松树

基利斯Achilles的母亲）的神庙是希腊保存最完好的神庙中的两座。这两座神庙处于一个与世隔绝的岩洞中，能看到浪漫迷人的海景。神庙附近还有几个人迹罕至的沙滩。地图T2 · 每日早上8点30分至下午3点 · 凭票入内

10 安菲阿拉俄斯神庙 (Sanctuary of Amphiaraos)

这座神庙建于公于前4世纪，既是聆听神谕的地方也是一个疗养胜地。这座神庙以亚尔古（Argonaut）先知安菲阿拉俄斯的名义而建，他被人欺骗与底比斯作战，即使他预见到自己将被杀死，却还是坚持作战。在撤退的时候他被大地吞噬，后来他的肉体重生，成为一个半神，又回到了这座神庙中。每到春天这个神庙周围就会遍地鲜花。地图T2 · 周二至周日早上8点30分至下午3点 · 凭票入内

阿提卡的英雄

在很多神话中特修斯都与阿提卡地区有着密切的关系，而且有不少历史证据表明这位国王真的确有其人。这位国王曾试图将阿提卡地区的大小城邦统一起来。而特修斯之所以英名远播是因为他曾杀死多只怪兽，而且还与无数美女有过风流韵事，其中就有特洛伊的海伦和亚马逊族的女皇希波吕忒。

阿提卡一日游

上午

清早从雅典开车去马拉松古战场——希腊人赢得历史性胜利的平原，凭吊一下那里的古代战士墓。然后前往深具浪漫气息的拉姆诺斯遗址，尽管古代人修建涅墨西斯神庙的目的是为了复仇而祈祷，我们只需要欣赏这里美丽的风光就可以了。

接下来驾车往南走直到海边，这时你可以在卢萨（Loutsa）的埃克萨波里托斯（Xypolitos）餐馆吃一顿烤鱼作为午餐。（见127页）

下午

午餐后继续往南走，你会来到瓦沃罗纳的狩猎女神阿尔忒弥斯神庙。从这里出发经过一个多小时的车程就能到达希腊最美丽壮观的景点之一，苏纽角的波塞冬神庙（见123页）。如果你到的时候还不晚，可以先去附近的两个海滩。一个在神庙的左边，只有身手敏捷的人才能顺岩石而下到达这个海滩，海滩上风景如画，人烟稀少。右边的海滩属于一家旅馆，要去这个海滩很容易，但那里全是晒日光浴的游人。日落前一两小时出发去神庙，然后站在那里静看夕阳的余晖将爱琴海染成紫色，海神庙的大理石柱披上粉红色和金色的光彩。

沿海岸线驱车返回雅典之前，可以考虑在以下两个餐馆中任选一个吃晚餐。一个是附近的西尔塔吉小吃店（Syrtaki），或是离市区更近，格调更高雅的岛餐馆（Island），在那里你不仅可以享受美味佳肴，还可以看到打扮入时的俊男美女们。（两者的介绍见127页）

爱琴娜港

波罗斯城

TOP 10 十大邻近岛屿

1 萨拉米纳岛（Salamina）

树木丛生的萨拉米纳岛历史悠久，剧作家欧里庇得斯就出生于此。公元前480年，希腊人在这里打败了波斯国王薛西斯，这一战役赫赫有名。由于与比雷埃夫斯周围的工业区相隔太近，这里已不再受到游客的青睐。地图S3

2 爱琴娜岛（Aegina）

这个小岛离雅典仅一个半小时的车程，游客可以在这里度过轻松的一天。这里的海滩风景宜人，还有著名的阿月浑子树，这种树的果实非常好吃。艾菲亚神庙（the Temple of Aphaia）和巴尔干地区最大的教堂之一的圣纳克塔里欧教堂（Agios Nektarios）也值得一看。地图S3

3 安吉斯特里岛（Angistri）

这个离爱琴娜岛不远的小小岛屿更像是一处世外桃源。这里有宁静的海滩，清澈的海水，几个小旅馆和小吃店，除此以外也乏善可陈了。地图S3

4 伊卓岛（Hydra）

可爱的伊卓岛有着清澈的海水和古老的建筑，还有蜿蜒曲折的小路，这里是希腊最美的小镇之一。尽管名人和电影摄制组常会光顾这个小岛，却并没有减弱这个小岛的魅力。地图S4

5 波罗斯岛（Poros）

绝大多数旅客会忽略这个小岛，其实小岛上的香气扑鼻的柠檬树林非常有名。穿过波罗斯岛上的茂密森林还能到达卡拉沃里亚（Kalavria）。

6 斯佩茨岛（Spetses）

英国游客最喜欢到这个小岛来，这里有茂密的松树林，美丽的海滩和迷人的港口。这里禁止行车，但有趣的水上出租车可以带着你到任何你想去的地方。地图S4

7 泽亚岛

尽管从拉弗里恩（Lavrion）开车到泽亚岛只需半小时，泽亚岛却更加安静，也没有那么多游客。岛上土地肥沃，处处鲜花。千万不要忘了去看坐落在山脚下的泽亚岛石狮，也一定要尝尝岛上出产的香浓的葡萄酒。地图U3

8 安德罗斯岛

这个岛颇受希腊船业巨子们的青睐；拥有金色沙滩的安德罗斯岛很美丽、也很尊贵，因此岛上的一切都价值不菲。每年岛上的古兰德里斯现代艺术博物馆都会举办世界级的展览。地图V3

9 基瑟诺斯岛

这个小岛荒凉贫瘠，风景远逊于其他基克拉迪诸岛，唯一吸引人们的就是岛上具有治疗作用的水疗温泉，据说这些温泉的疗效是爱琴海诸岛中最好的。地图U4

10 依维亚岛

巨大的依维亚岛是徒步旅行者的天堂，这里有绿树成荫的群山，还有穿过一个个小村庄蜿蜒而下的山路。这个岛屿的最北部则有豪华的度假村和众多水疗温泉。（见111页）

去往依维亚岛和安德罗斯岛的客船从拉菲纳出发，去往泽亚岛的客船从拉弗里奥（Lavrio）出发；去往所列其他各岛的客船都从比雷埃夫斯出发

价格分类：

以每人	€	不到30欧元
三道菜及	€€	30～40欧元
半瓶酒，加上	€€€	40～50欧元
消费税和其他	€€€€	50～60欧元
费用	€€€€€	超过60欧元

苏纽的西尔塔吉小吃店

TOP 10 十大餐馆

1 伊卓岛的莫伊塔（Moita）
供应清淡、独特的地中海式佳肴。主打产品是海鲜，别忘了尝尝作为甜品端上来的用葡萄酒浸过的梨。地图S4 · 2298 052 020 · 希腊复活节至10月 · €€

2 马蒂岛的瓦西里斯（Vassilis，Mati）
菜色不错，例如烤乳猪和克罗克福特德斯（kolokeftedes，意指煎小胡瓜球）。马蒂岛马拉松大道27公里处 · 地图T2 · 2294 033 807 · 希腊复活节至10月期间每日营业，全年周五和周末营业 · €

3 尼亚·马克利岛的卡沃里（Kavouri，Nea Makri）
这个海边花园内的小吃店供应希腊最好的鱼子酱色拉和海鲜烧烤（烤鱿鱼尤其好吃）。尼亚·马克利岛马拉松海滩 · 地图T2 · 2294 055 243 · 4月至10月期间每日营业，全年周五和周末营业 · €€

4 爱琴娜岛的美泽多波利欧·图·斯德基（Mezedopoleio To Steki，Aegina）
餐馆靠近渔市，海鲜绝对新鲜，这里还有美味的奥苏酒。爱琴娜岛，潘·伊利奥迪大街45号 · 地图S3 · 2297 023 910 · €

5 斯佩茨岛的帕特拉里斯（Patralis，Spetses）
周围的景观也许并不吸引人，但这里有全岛种类最多的新鲜鱼。斯佩茨的库诺皮萨（Kounuopitsa）· 地图S4 · 2298 072 134 · €

6 苏纽附近的西尔塔吉
这是苏纽人气最旺的一家小吃店。这家小吃店有3层楼，坐在里面可以欣赏到美丽的海景，这里的烤牛肉和新鲜章鱼总是让人赞不绝口。波塞冬神庙以北2公里（1英里）· 地图T3 · 2292 039 125 · €

7 泽亚岛的恩尼亚·克里斯（Ennea Korea，Tzia）
径直到海湾尽头，就是恩尼亚·克里斯。这是雅典美食家的最爱。食客在这里一边欣赏美景，一边吃着新鲜的海鲜拼盘和美味的素菜。泽亚岛的沃卡利港（Vourkari port）· 地图U3 · €

8 瓦沃罗纳附近的埃克萨波里托斯
这个海边鱼餐馆的开胃菜清爽可口，包括清淡适口的鱼子酱沙拉。一定要吃这里的烤鱼。阿尔特米达（Artemida）和卢萨之间，马提欧大街（Martiou）25号和乔治·帕潘德里欧大街（George Papandreou）· 地图T3 · €€

9 伊萨基（Ithaki）
餐馆内部装修的材质皆为木头和玻璃，建在一个能俯瞰大海的悬崖上。菜肴精致考究，这里的菜色以鱼为主。沃立歌美尼的阿波罗诺斯大街28号 · 地图T3 · 210 896 3747 · €€€€

10 瓦基萨的岛餐馆
注重生活品质的雅典人不惜驱车一个多小时到城外的这个海滨俱乐部来。这里供应的地中海式佳肴和寿司颇受好评，晚上人们还会留在这里跳舞狂欢。瓦基萨，雅典-苏纽公路27公里处 · 地图T3 · 210 965 3563 · 5月至10月 · €€€

注：除非另有说明，所有的餐馆都接受信用卡并提供素食

ΠΑΝΤΑ ΦΡΕΣΚΟΙ
2,95
3,95
5,28
4,70
2,35
7,60
5,95
5,87
ΚΑΡΥΔΙΑ
ΦΟΥΝΤΟΥΚΙ

资讯一点通

实用信息

住宿信息

大街上的希腊和拉丁文标牌

乘客到达雅典机场

TOP 10 计划行程

1 护照和签证信息

欧盟国家（包括挪威和冰岛）的公民进入希腊只需有效的护照，欧盟国家的国民可在希腊作无限期停留。同样，美国、加拿大、澳大利亚和新西兰公民进入希腊也只需要有效护照，但最长只能停留90天。记住如果你的签证并未获得延期而滞留在希腊就必须缴纳罚款。

2 合适的时间

由于雅典是希腊的文化中心，全年都有游客往返。夏季许多游客去往各个岛屿时会途经雅典，尽管此时绝不是参观雅典的最佳季节：届时气候非常炎热，而且还会挤满许多外国旅游团。尽量在春末或秋初时来到这里，此时雅典气候宜人，整个气氛也更轻松。

3 气候

雅典有着典型的地中海式气候。夏季炎热干燥，阳光灿烂，整个7月气温总是介于22℃（72° F）和32℃（90° F）之间。这里的冬季并不寒冷，整个1月平均气温总是在7℃（44° F）和13℃（55° F）之间，雨量充沛，有时还会下雪。

4 需要携带的东西

夏季带一些轻便的衣物就可以了，记得带上长袖衣服、长裤或长裙，这样参观教堂时可以显得庄重一点。一年中其他的时候你需要带上比较保暖的衣物，别忘了准备一两双适合走路的舒适的鞋子。

5 语言

官方语言为希腊语，但很多人特别是年轻人或是在旅游部门工作的人能说流利的英语。因此说英语的人不会有交流上的障碍。但是学一些基本的希腊语对你一定会有好处。

6 街道和商店的标牌

街上的标牌统一以希腊语和拉丁语（按英文字母表）印制，旅游地图则使用拉丁语。然而有些商店和餐馆，特别是游客去得不多的地方可能只有希腊文标识。

7 健康事宜

如果来自欧盟国家的公民能完成并提交一份E111表格，可以获得免费的基本医疗服务。来自美国、加拿大、澳大利亚和新西兰的游客则无法被纳入希腊医疗系统的免费基本医疗服务。除非出现突发的大规模伤亡事件，否则游客获得治疗后应付费。

8 安全

雅典至今仍是欧洲最安全的城市之一。当然该小心的时候还是得注意：锁好你的车，将贵重物品存放在安全的地方，看好自己的钱包和护照。

9 当地消费水平

自从使用欧元后希腊人常抱怨生活开支大幅上升。这里的商品和欧洲其他国家定价基本一致，除了出租车和公共交通的资费。在所有欧洲国家的首都中，雅典的出租车和公共交通价格最便宜。

10 驾驶执照

欧盟国家的公民只需要出示本国的驾照就可以在希腊驾驶汽车和电动自行车。而来自美国、加拿大、澳大利亚和新西兰的游客则需要出示国际驾驶执照才能驾车上路。

希腊公共假日

1月1日和6日
3月25日
4旬斋节的第一个周日
东正教复活节
5月1日
圣神降临周的周一
8月15日
10月28日
12月25日和26日

雅典指南

报纸

TOP10 信息来源

1 GNTO服务机构

新的希腊国家旅游局信息中心就在宪法广场附近，这里能提供雅典及周边地区的基本信息和旅游小册子。

2 网站

首先可以到希腊国家旅游局的主页了解一些基本信息。要查询有关考古遗址和博物馆的信息可以浏览www.culture.gr，要了解文化活动的信息则可以浏览www.cultureguide.gr；雅典文化节夏季的相关演出则可以查询www.greekfestival.gr 。《今日希腊》(www.gree ce.gr）定期有文章介绍希腊当前的政治局势和文化发展。

3 报纸

雅典的英文报纸有《雅典新闻》和《卡西梅利尼》。前者有版面介绍近期各项大型活动；后者则是作为《国际先驱论坛报》(International Herald Tribune）的插页销售。

4 当地的杂志

铜版纸印刷的双月刊《奥德赛》(Odyssey）有专题文章介绍希腊和侨居海外的希腊人。《今日雅典》(Athens Today）则是一份免费的双周刊，只有口袋书大小，能向游客提供很多有用的信息。

5 英语电台和电视台

雅典9.84电台（调频9.84兆赫）周一到周五每天早上8点30分和下午4点30分有英语新闻广播，BBC国际电台（BBC World Service）则在调频107.1兆赫，绝大部分宾馆都配有卫星电视。

6 旅游指南和地图

GNTO会分发雅典中部、比雷埃夫斯、沿海地区和阿提卡地区的免费地图。要找寻任何与雅典有关的英文书可去埃勒夫特鲁达吉斯书店。(见91页)

7 商业信息

雅典工商业总会提供雅典各种商业机会的信息，而英国的希腊商会(British Hellenic Chamber of Commerce）提供在希腊进行商务活动的各种信息。

8 奥运会

奥运会组委会（网址www.olympic.org）提供2004年雅典奥运会以及历届和下届奥运会的相关信息和数据。

9 残疾人游客

假日服务组织（Holiday Care Service）和Tipscore等组织（这两个组织的总部都在英国）都向残疾人游客提供一些建议和希腊各旅游目的地的相关信息。除此以外，Can Be Done Tours还会根据每位残疾游客的具体情况为他们量身定制旅游行程。

10 背景知识阅读

除了本书第37页所列的经典作品，还可以阅读《现代希腊——一段短暂的历史》，彼得罗斯·哈里斯（Petros Haris）的《最长的一夜——一座死去的城市的编年史》(The Longest Night—Chronicles of a Dead City)，这本书记述了二战期间雅典人的生活；以及帕特里西娅·斯托拉斯（Patricia Storace）的《与珀尔塞福涅的晚餐》(Dinner with Persephone)，这本书风趣地描述了一位美国诗人在现代雅典逗留的一年之间发生的事情。

名称地址录

希腊国家旅游局驻各国办事处的地址及电话

· 希腊：雅典的亚美里亚斯大街26号www.gnto.gr

商业信息

· 英国商会British Chamber of Commerce www.bhcc.gr

· 雅典工商业总会 Athens Chamber of Commerce and Industry www. acci.gr

残疾人游客

· 假日服务组织 Holiday Care Service www. holidaycare.org.uk

· Tripscope www.justm obility.co. uk/tripscope

· Can Be Done Tours (020) 8907 2400

比雷埃夫斯港的渡轮

雅典的出租车

TOP10 抵达雅典

1 从欧洲出发的航班

希腊国营航空公司奥林匹克航空公司经营从雅典到欧洲各大城市直飞航线。英国航空公司和英国便利航空公司（easyJet）提供每日从伦敦直飞雅典的航班（分别从希斯罗机场和盖特威克机场起飞）。

2 非欧洲国家出发的航班

奥林匹克航空公司也经营到中东、曼谷、约翰内斯堡、墨尔本、蒙特利尔、悉尼和多伦多的航线。在美国，大部分到雅典的直飞航班都是从纽约出发，而三角洲航空公司（Delta）每天都有到雅典的航班。

3 找到最便宜的航班

要找到最新报价请浏览www.lastminute.co.uk和www.bargainflights.com。有些网站如www.travelcity.com在价格降到某一水平以下会自动发邮件提示您。

4 从机场到市区

搭乘地铁三号线可以从机场到达市中心的宪法广场。此外还有三班24小时开通的快速客车在机场与市区之间的道路上奔驰：E94号公路的终点是Ethniki Amyna地铁站，E95号公路的终点是宪法广场，而E96号公路的终点是比雷埃夫斯。出租车也是随叫随到，整个旅程要花40分钟左右。

5 从意大利出发的渡轮

尽管没有从意大利直接到比雷埃夫斯的渡轮，从的里雅斯特、威尼斯、布林迪西、安科纳和巴里定期有渡轮到达佩特雷（Patra），但渡轮要在海上过一夜。大部分旅游公司在雅典和佩特雷之间有长途汽车往返。如果不坐长途汽车，希腊铁路公司（Hellenic Railways Organization，OSE）每日有八班火车从佩特雷开往雅典（这个旅程要4个小时）。

6 从塞浦路斯出发的渡轮

游客可以搭乘从塞浦路斯的利马索尔（Limassol）到雅典的比雷埃夫斯港的渡轮（耗时约44分钟）。

7 从希腊各岛开往比雷埃夫斯的渡轮

定期有渡轮从多德卡尼斯群岛（Dodecanese）、基克拉迪群岛、萨罗尼克湾群岛（Saronic Gulf）、克里特、萨默斯岛（Samos）和东北部的爱琴娜群岛到达比雷埃夫斯。希腊飞翔海豚公司（Hellas Flying Dolphins）也经营许多岛屿与比雷埃夫斯之间的高速快艇业务，花费时间短，但票价更贵。

8 火车

与保加利亚、前南斯拉夫马其顿共和国和土耳其之间互通火车。这些列车的终点站都在帖撒罗尼迦（Thessaloniki，今萨罗尼卡Salonika），需换乘火车才能到达雅典的拉里萨（Larissa）火车站。

9 自驾车

希腊和邻国之间往返的公路起点都是帖撒罗尼迦：E90号公路到土耳其；E79号公路到保加利亚；E75号公路到前南马其顿共和国。E75号公路从帖撒罗尼迦往南到雅典。始于阿尔巴尼亚穿越国境的公路终点在希腊的卡卡维亚。游客可以在这里驾车到约阿尼纳（Ioannina），然后沿E82号公路到拉里萨，最后沿E75号公路一路往南到雅典。

10 长途公共汽车

希腊铁路公司有与阿尔巴尼亚、土耳其、保加利亚之间往返的长途汽车，都从雅典的伯罗奔尼撒火车站出发。Eurolines公司经营每周一趟从伦敦维多利亚车站到希腊不同城市的长途客运服务。

信息查询

航空公司
www.olympic-airways.gr
www.britishairways.com
www.easyjet.com
www.delta.com

机场信息
雅典国际机场（Ath-ens Internation Airport）24小时咨询电话：210 353 0000 · www.aia.gr

渡轮
www.ferries.gr
www.dolphins.gr

火车和公共汽车
www.eurolines.com
www.osenet.gr
www.ktel.org

公共汽车

地铁站标志

索道

TOP 10 游览雅典

1 徒步旅行

雅典所有的古迹都集中在市中心，即繁忙的宪法广场附近，游客只需步行就能到达。从宪法广场出发时，你可以将卫城山的山顶和利卡维托斯山顶作为定位点。

2 有轨电车

市中心与海岸之间有3条有轨电车线连接：T1线的起点是宪法广场，终点则是尼奥·法利洛（Neo Faliro）；T2线始于尼奥·法利洛，止于吉利法达（Glyfada）；而T3线则始于吉利法达，止于宪法广场。

3 公共汽车

雅典的公交线路非常发达。公共汽车的运营时间是每天早上5点至晚上12点30分（晚上并非所有线路都会运营）；由于票价便宜，公共汽车往往非常拥挤，特别是在上下班高峰时期。绝大多数公汽停车点售票亭（Periptera）都能买到公共汽车票，上车后记住要通过一个橙色的机器检票。你也可以购买一种按月使用的通票，持这种通票可以搭乘城区所有的公共汽车、无轨电车和地铁。

4 无轨电车

雅典的无轨电车运行线路现已增加到25条，无轨电车车身的颜色为黄色。车票的购买和使用与公共汽车类似，也需要上车后检票。

5 地铁

地铁的运营时间为早上5点30分至午夜，地铁线路现在正在进行扩建。1号线为南北线，往返于基菲西亚与比雷埃夫斯之间。2号线往返于塞波利亚（Sepolia）与达夫妮之间，途中有一站在卫城附近。3号线往返于宪法广场和雅典埃勒夫特里奥斯·文尼泽罗斯（Eleftherios Venizelos）国际机场之间。

6 租赁汽车

尽管你也许想要开车去雅典周边各区参观，租车还是不太值得。各个租赁公司的规定不尽相同，但基本的要求是租车人应年满21周岁并持有有效的驾驶执照。（见130页）

7 停车

在雅典市中心停车的经历就像是一场恶梦。市中心（总是非常拥挤）的停车场位于卡拉特莫诺斯广场（Plateia Klafthmonos）。如果你没法在这个停车场找到车位，如果你住的旅馆也无法提供停车位，你就只能把车停在城外伊里尼（Irini）的新奥林匹克体育馆的停车场，然后搭地铁回来。

8 出租车

雅典的出租车都漆成鲜艳的黄色，数量充足，价格也便宜。只需要支付很少一点附加费用就可以打电话叫车，或者自己站在街上招手拦车。途中司机会停下来搭载和你同一方向的乘客，这在雅典非常普遍。午夜到凌晨5点之间的车费要高一点，如果是前往机场，乘客还需要付行李费和返程车费。

9 电动自行车

骑电动自行车四处游览既能节省时间，又非常有趣。如果你有有效的电动自行车驾驶执照，可以去库卡吉的伦特·摩托公司（Rent Motor）租一辆电动自行车。

10 索道

要观赏雅典的日落，最好的地方是在利卡维托斯山顶（见52和97页）。如果你不想自己爬上山，那就搭乘从阿里斯蒂波（Aristippou）出发的索道车。运营时间上午9点至下午3点，每20分钟一趟。

信息查询

雅典城区交通公司
(Athens Urban Transport Organization)
www.oasa.gr

汽车租赁
埃维斯公司（Avis）：21 0349 8800，www.avis.gr
巴吉特公司（Budget）：210 349 8800，www.budget.gr
欧罗巴卡公司（Europcar）：210 924 8810，www.europcar.com
赫兹公司（Hertz）：210 922 0102，www.hertz.gr

电动自行车租赁
伦特·摩托公司：210 923 4939 · www.motorent.gr

无轨电车
www.tramsa.gr

信箱

公用电话亭

网吧

TOP 10 银行与通讯

1 货币

希腊于2002年开始使用欧元（€），现在流通的纸币面值为10欧元、20欧元、50欧元和100欧元；硬币的面值分别为1分、2分、5分、1角、2角、5角（希腊语中1分为lepta，即1个雷普塔）

2 银行、自动取款机（ATM）、信用卡和现金

雅典的银行通常是周一至周四的早上8点到下午2点以及周五早上8点到下午1点30分营业。雅典城内有大量的自动取款机，游客可以随时取到现金。规模稍大的旅馆，餐馆和商店都接受信用卡付账，然而比较少游客光顾的商店，例如一些小吃店就只接受现金。

3 邮寄服务

航空信件和明信片通常要4天才能到达其他欧洲国家，大约10天后才能到美国、澳大利亚和新西兰。市中心的邮局在靠近宪法广场的米特罗波利斯大街，工作时间为周一至周五早上7点30分至晚上8点，周六则是早上7点30分至下午2点，周日为上午9点至下午2点。市内其他邮局的工作时间一般为周一到周五的早上8点至下午2点。邮箱都为黄色，国内信件和国际信件分两个口投递。

4 电话

你可以在位于帕蒂森大街（Patission）85号和斯塔迪欧大街15号的希腊电讯公司（Greek Telecommunications，OTE）的营业厅（营业时间：周一至周五早上7点至午夜，周六至周日的早上8点至午夜）内拨打国际长途。你也可以通过遍布城内的公用电话亭打电话——当然你需要买一张面值100个单位（4欧元）的电话卡，这种电话卡在任何街头售货亭都能买到。

5 往希腊国内打电话

如果你从国外打电话到希腊，希腊的国家代码为0030，雅典的区号则为210。

6 希腊的电话号码

希腊的所有电话号码包括区号在内都是十位数，即使你在区内通话也必须拨区号。

7 移动电话

希腊所有的移动电话号码都以69开头，一共也是十位数。

8 网吧

现在雅典城内遍地都是提供上网服务的网吧。市中心最好的网吧是位于帕蒂森大街46号、紧挨着国家考古博物馆的博物馆网吧（Museum Internet Café，www.museumcafe.gr），位于伊克萨奇亚区伊波卡拉托斯大街44号的Cafe4u（www.cafe4u.gr）（这家网吧24小时营业）和靠近欧摩尼亚区的阿卡迪米亚斯大街78号的比茨·拜茨网吧（Bits and Bytes）。比雷埃夫斯较好的网吧则是卡斯特拉以南，瓦希雷奥斯·帕弗罗大街135号的内特马尼亚（Netmania）（www.netmania.gr）。

9 商务设施

雅典洲际酒店（Atheneaum Inter-Continental）和希尔顿酒店（Hilton）（对这两个酒店的介绍见141页）都有很好的商务中心，提供电话、传真机、网络连接、打印机和复印机以及秘书和翻译服务。

10 希腊语教程

获得评价最好的希腊语学校是雅典中心（Athens Centre）和希腊美国人联合会（Hellenic American Union）。这两个学校都提供时间长度（3～10周）和学习难度不等的希腊语课程。

信息查询

电话查询

· 希腊电话号码查询：131

· 国际电话号码查询：139（英语）；可用于对方付费电话

雅典中心

· 阿齐米多斯大街（Archimidous）48号

· 210 701 22 68

· www.athensce ntre.org

希腊美国人联合会

· Massalias22号

· 210 368 0000

· www.hau.gr

跳蚤市场

画廊书店

TOP10 购物诀窍

1 购物区

雅典最时尚的设计师们开设的精品店大都在科罗纳基区，鞋类用品的大型购物中心和高档连锁店则大都在埃尔穆街和帕蒂森大街。价钱较便宜的市场则集中在莫纳斯特纳基区、普西里区和瑟西欧区。然而近来雅典的市郊开始挑战市中心在商业上的垄断地位。北部的绿树成荫的基菲西亚区就开设了多家高档设计师的精品店和充斥着昂贵的进口商品的大型购物中心。雅典南部的吉利法达也拥有很多迈阿密风格的海边精品店，店内销售的都是与雅典市内相同的高档时装、鞋类、配饰、家装饰品和化妆品。

2 营业时间

一般所有的商店会在周一、周三和周六的上午9点开始营业，下午三点关门。周二、周四和周五则是上午9点至下午2点30分营业以及下午5点到晚上8点30分。旅游区的百货商场和小商店、花店、糕饼店和其他大型商场开门时间较晚，中午一般不会休息。药店一般周六不开门，而街边的售货亭则直到午夜才关门。

3 信用卡

雅典绝大部分商店都接受几种通用的信用卡(Visa卡，万事达卡Master和Diner Club)，然而小型或家族经营的商店和小吃店则一般不接受信用卡。乡村和各个小岛上的一些商店不仅不接受信用卡，现金兑换点也很少，并且彼此相距甚远。因此如果你要离开雅典去这些地方待上几天，最好带上足够的现金。

4 消费税

大部分商品都含有大约18%的增值税（VAT），食用农产品还会征8.5%的消费税。

5 退货

消费者只要拿着发票就可以换掉不满意的商品。尽管希腊法律规定只要消费者对商品不满意就可以退货，但商家一般会建议调换商品而不是退货。

6 市场

雅典和比雷埃夫斯的跳蚤市场一般在周日开张（见80页和105页）。除此以外雅典还有一种每周开张的街头市场(laiko，音译为莱科)，当地人可以在这个市场上买到新鲜的水果、蔬菜、鱼甚至内衣。

7 折扣

商家一般在1月份/2月份和8月进行正常的打折活动，但也有些商店全年都在打折（profores音译为普罗夫勒斯）。折扣商店如比雷埃夫斯岛上的The Factory Outlet（欧摩尼亚广场和比雷埃夫斯之间）以较低的价格提供多种设计师设计的名牌产品。

8 纪念品

普拉卡和莫纳斯特拉基区是购买传统礼品如手工艺品，陶罐，真皮商品和各种排忧串珠以及希腊年轻艺术家们设计的现代风格艺术品的最佳地点。亚蒂娜斯大街则是购买橄榄、橄榄油、希腊奶酪、蜂蜜、香料、药草、锡盘和水壶的最佳地点。

9 博物馆复制品

贝纳基博物馆（见22～23页）和基克拉迪艺术博物馆（见18～19页）都有馆内展出的艺术品的复制品出售。前者以肖像画、雕塑、古代陶罐、玩具和珠宝的复制品闻名，后者则以基克拉迪风格的人像复制品闻名。

10 珠宝

希腊的珠宝设计在国际上一直享有盛誉。老一辈的大师如拉拉乌尼斯（见72和73页）和佐罗塔斯（见91页）都以手工精巧的金饰品而蜚声海外，和一线国际品牌宝格丽(Bulgari)和Gavello一样，他们在沃卡利斯提欧大街也有自己的专卖店。而新一代年轻设计家们如埃莱娜·沃茨和利托·卡拉科斯塔诺格卢（Lito Karacostanoglou）也都在时髦的科罗纳基区有自己的专卖店。全球知名的高端珠宝和手表制造商Folli Follie（见99页）在雅典各地高档精品购物区都有自己的专卖店。

要了解雅典最佳购物场所请阅54～55页

普拉卡的一家小吃店

欧泽里

TOP 10 吃在雅典

1 餐馆(Estiatorion)

大部分餐馆供应的食物无外乎烘烤略有些过度的肉类和希腊做法的鱼类，例如穆萨卡（茄子和肉末）、斯提法多（洋葱焖兔肉）和杰米斯塔（蔬菜掏空后填上馅料），这些菜事先都已做好，端上来之前再温热。甜点通常是点心和新鲜水果。

2 小吃店

典型的小吃点通常供应开胃小菜（horsd' oeuvres希腊音译为霍斯-德乌瓦利斯），这些小菜有热的和凉的，还有现煎的或烧烤的肉菜和鱼。有些小吃店没有菜单，但服务员会送上装满不同菜肴的托盘，你可以根据自己的喜好选择。这里一般没有定餐，上菜的顺序可能有些随意，但不会让你等太久。

3 烧烤店(Psistaria)

这种烧烤店是食肉者的天堂，以烘烤和烧烤（sta karvouna，音译为斯塔 卡瓦纳）肉类为主，例如苏弗拉基（烤肉卷），科科雷特斯（烟熏羊肚）和炭烤羊肉和鸡肉。素食主义者可能不太喜欢这里，但这里也有一些配菜可供他们选择，例如希腊沙拉（horiatiki salata 希腊音译为霍利亚提基·沙拉塔），酸奶黄瓜（tzatziki,希腊音译为扎茨基），油炸奶酪（safanaki,希腊音译为萨格纳基）和薯条（tiganites patates,希腊音译为提格尼特斯·帕塔特斯）。

4 鱼餐馆(Psarotaverna)

鱼餐馆通常供应的是刚捉到的新鲜鱼如胭脂鱼和旗鱼。这些鱼通常的做法是淋上柠檬浆和橄榄油烧烤。第一道菜通常是小鱿鱼、章鱼和虾。

5 奥苏酒店(Ouzery）和开胃小吃店（Mezedopoleia)

顾名思义，这种酒店专供让人兴奋、酒劲颇大的奥苏酒，这是人们和三五好友聚在一起聊着天，愉快地喝着酒，吃着开胃小菜的地方。这里通常也供应葡萄酒和啤酒。开胃小吃店提供的开胃小菜的种类比一般的小吃店更加丰富，量也更多。雅典最好的几家开胃小吃店都在欧摩尼亚区。

6 快餐

美式快餐连锁店对希腊人的饮食习惯没有造成什么影响，他们最喜欢的还是奶酪派、菠菜派和可以带走的苏弗拉基（将烤面饼和烤好的肉和酸奶黄瓜，刚切的洋葱和番茄叠在一起）。希腊本土的快餐连锁店埃弗雷斯特（Everest）则供应可口又新鲜的烤三明治。

7 吃饭时间

大部分希腊人还是坚持多年的老传统，喜欢在早上来一杯让人精神为之一振的、浓浓的咖啡作早餐，然后在下午3点左右吃午餐，晚餐则在10点左右。大部分餐馆在中午到下午4点之间供应午餐，晚餐则是在晚上8点到午夜之间。当然在普拉卡这样的旅游区也有一些餐馆全天供应食物。

8 着装

希腊人经常跟家人和朋友一块出去吃饭，这时他们的着装并不是很正式。吃饭的时候尽量不要穿短裤，但即使在最高档的餐厅吃饭男士也不用打领带，当然晚上出去吃饭的时候希腊女性会尽量穿得漂亮一点。

9 现场音乐表演

许多小吃店，特别是在普拉卡区，在晚上会有希腊传统音乐表演。尽管这些演出的主要对象是旅游者，听到这些音乐也确实让人身心愉快。

10 小费

如果你吃得很开心，为了表示你的满意，在桌上留下10%的小费是一种习惯做法。复活节和圣诞节前的一周还应将服务生的消费提高到18%。

要了解雅典最佳的餐馆请阅56～57页，欲知希腊最可口的美食请阅58～59页

街头小贩

繁忙的街景

TOP10 注意事项

1 被出租车司机宰客

雅典的出租车整体比较便宜，但偶尔也有出租车司机收费过高的事件发生。要避免这类状况，上车时一定要看看车上是否有计价器，以及司机起步时是否将计价器打开。

2 被强行拉客

普拉卡区的大街小巷聚集着一群群替餐馆和旅游纪念品商店拉客的人，市中心的其他旅游区也有类似的现象。当然这些商家提供的服务品质不错，但尽量避免被强拉到自己并不想去地方吃饭或购物。

3 穿着暴露的衣服进教堂

请尊重当地的习俗：即使是在夏天，进教堂的时候也要确保自己的肩头，前胸和腿不会露在外面。

4 逃票

公共汽车、有轨电车和地铁上不时会有检票人员，如果你无法出示一张有效车票将被当场罚款，罚款额从18欧元到29 欧元不等。

5 将卫生纸冲入厕所

希腊的下水管道很窄，很容易被卫生纸堵住：使用完洗手间后应将卫生纸放入塑料垃圾桶内。如果你忘了这样做，很可能你的马桶会被堵住，卫生间也会水漫金山。

6 流浪狗

雅典的大街小巷上大约共有15万只流浪狗。为了不让他们继续繁殖，市议会已为他们施行节育手术，而不是将它们杀死。这些狗基本上不会对人造成伤害，但当他们聚集在一起的时候还是要小心，特别是在交配季节。

7 期待找到完全无烟区

希腊人均消费香烟的数量是欧洲人均消费量的两倍。2002年末，希腊所有的公共场合都完全禁止吸烟，餐馆内也应设有吸烟区和无烟区。然而，希腊人对这条法律并不在意，所以不要期待真的会有绝对禁止吸烟的地方。

8 在雅典驾车

这是一个交通相当拥堵的城市。市中心有很多单行道和步行街道，停车位极其难找，希腊人开车也非常随意。鉴于以上这些原因，游客最好还是使用公共交通工具、出租车或是步行。(见133页)

9 在餐馆吃饭时喂猫

尽管那些用悲伤眼神望着你、不停喵喵叫的小猫会让你忍不住给它们喂点吃的，你这种行为可是会让店家大为恼火。雅典有太多的流浪猫，它们绝对让这些餐馆不胜其烦。

10 在军事基地拍照

还记得2001年11月那次广为宣传的事件吗？当时12名来自英国、两名来自荷兰的飞机观察者因为在参观希腊一个军事基地时记笔记而被逮捕。他们旋即被关押并被指控从事间谍活动，后来他们每个人不得不花上2.5万英磅来打官司证明自己的清白。所有的军事基地都清楚地标明“严禁拍照”：在任何军事基地参观时绝不能拍照或记笔记！

紧急求助电话

一般紧急事件
- 报警电话：100
- 救护车：166
- 火警电话：199

医护救助：
- 医院/诊所值班电话：1434
- 药店值班电话：1434

旅行团

埃皮达罗斯剧场

TOP 10 特色之旅

1 雅典半日观光

如果你的时间不够，就让一位专业导游带你一探雅典古代文化遗址中的精华。KeyTours旅游公司就擅长组织这种妙趣横生，知识丰富的短程导游，一般起点为凯利马莫洛体育馆（见95页）然后穿过整个城市到达卫城。

2 雅典之夜

范特西旅游公司（Fantasy Travel）专为游客组织这种坐旅游巴士夜游比雷埃夫斯港的活动，中途会在米克罗利马尼（Mikrolimani）停留，让游客品尝著名的奥苏酒，并观赏这个渔港的夜景。随后旅游团会回到普拉卡区的一个小吃店吃晚餐。

3 苏纽角

游客可以下午搭乘公共汽车沿雅典西南部海岸（途经吉利法达，沃拉Voula和沃立哥美尼）到达位于山顶的景色美不胜收的波塞冬神庙（见123页）。参观完神庙后刚好还有时间去喝一杯饮料然后返回雅典。

4 夜游埃皮达罗斯剧场

整个7月埃普罗提基(Epirotiki）旅游公司会安排游客晚上坐船到埃皮达罗斯剧场欣赏露天戏剧演出。回程中游客在船上还可以享受烛光晚餐。

5 萨罗尼卡群岛一日之旅

埃普罗提基旅游公司的游船每天清早出发去帕利奥·法力罗（Paleo Faliro），然后游弋至爱琴娜群岛，波罗斯岛和伊卓岛，并在每个岛上作短暂停留。这个旅行包括在船上吃一顿午餐，游客会在傍晚回到雅典。

6 德尔菲

基·图尔斯旅游公司和范特西旅游公司都为游客提供从雅典到德尔菲遗址的一天之旅。午餐后旅游团会在风景如画的山边小镇阿拉齐瓦停留，这个小镇以手工编织的地毯和美味的奶酪闻名。

7 在帕尼萨山漫步

如果你想呼吸山间清新的空气，可以选择希腊步行旅游公司提供的为时4小时的帕尼萨山徒步旅行。一位专业导游将带领游客沿一条设置了路标的山路爬上陡峭的胡尼(Houni)峡谷，旅行的起点为圣特利亚达（Agio Triada），终点是巴菲庇护所（Bafi）。

8 一日海上之旅

吉奥罗曼游艇公司(Ghiolman Yachets）拥有多个大小各不相同的游船，可以为游客量身设计一天海上之旅的行程，全程还有一位会说英语的船长陪同。这无疑是探访雅典周边各岛最好的方式。

9 一日潜水之旅

爱琴潜水公司（Aegean Dive Centre）可以安排游客潜入到吉利法达河苏纽角之间的水中近距离接触船只的遗骸、岩洞和暗礁。由于这个地方夏季水温只有26℃（79° F），冬季水温是14℃（57° F），全年都适宜潜水。这里的工作人员都能够说流利的英语，还可以教没有潜水经验的游客学会潜水。

10 坐直升机俯瞰雅典

如果想要从空中俯瞰整个雅典，不妨尝试一下霍普英·奇诺公司（Hop In Zinon）提供的这种空中旅行。不论何种季节游客都可以乘坐直升飞机遨游在雅典的天空中，你还可以自己决定旅游路线。如果是30分钟的空中旅行（至少两人）乘客每人需支付625欧元。

信息查询

· 爱琴潜水公司：吉利法达，潘朵拉斯，扎马诺大街53号 · 210 894 5409 · www.adc.gr

· 埃普罗提基旅游公司电话：210 429 1501 www.epirotiki.gr

· 范特西旅游公司：埃克瑟诺方多斯大街8号 · 210 322 8410 & 331 0530-3 · www. fantacy.gr

· 吉奥罗曼游艇公司：费雷利农大街7号 · 210 323 0330 · www.ghiolman.com

· 霍普英·奇诺公司：比雷埃夫斯 赞尼大街29号 · 210 428 5500 · www.hopin.com

· 基·图尔斯旅游公司：卡利罗伊斯大街4号 · 210 923 31 66&923 3266 · www. keytours.gr

· 希腊步行旅游公司：费雷利农大街7号 · 210 331 0323-6 · www.trekking.gr

卫城夜景

TOP 10 住宿建议

1 选择旅馆

希腊旅馆商会（the Hellenic Chamber of Hotels）提供雅典所有旅馆的信息并可以为游客预订房间。GNTO（见131页）的网站上也能查到所有旅馆的信息。

2 网站

本页信息查询部分列举的网站非常实用，有些网站还提供大量折扣。除了提供预订旅馆的服务，部分网站也代售机票。（见132页）

3 市中心住宿情况

雅典郊区的面积颇大，如果你选择住在郊区，每天会将大量时间浪费在到达各景点的路上。市中心的旅馆大都集中在普拉卡、马可利加尼、库卡吉区、莫纳斯特纳基、瑟西欧和宪法区。

4 旅游旺季

旅游旺季一般在6月初和9月末之间，4月至6月以及10月则游客人数稍减，淡季则从11月初一直持续到3月底。不同的旅馆各季房间价格也不一样。

5 讲价

除非你是住在最豪华的旅馆，否则你尽可以要求旅馆经理给你一些折扣，不必感到不好意思。你完全有可能拿到比报价更低的房价，特别是如果你是淡季入住，而且住的时间又比较长的话。

6 房价包含的内容

旅馆所给的报价一般包括一份大陆式早餐，12%的服务费以及10%的消费税。旅馆内的各项设施如健身房和游泳池通常对客人免费开放。条件较好的旅馆房间内都有空调，但如果是经济型旅馆的中央空调，你也许得额外付费。

7 临时到达

如果你刚下飞机，需要找个旅馆住宿，新的索菲特雅典机场酒店（Sofitel Athens Airport Hotel ）是个很好的选择，只是这里价格较贵（见141页）。你也可以到机场对面的普罗汀旅游公司(Plotin Travel)（联系电话：210 353 0440），这家公司的营业时间为早上7点到晚上11点，公司的员工可以帮你找到价格适中的旅馆。

8 独自旅行的游客

如果你是独自一人旅行，价格便宜的YHA是你最好的选择。你也可以选择档次稍高的马贝尔·豪斯膳宿公寓（Marble House Pension）（见143页）或者普拉卡酒店（Hotel Plaka），这两个饭店都有单人间。否则按照惯例如果你住的是双人间，就要付全价，只是少付一份早餐的费用。

9 残疾人游客

随着时代的发展，现代旅馆为客人设想得更加周到了。希尔顿酒店和雅典洲际酒店都有为残疾客人特别设计的房间。

10 儿童

绝大部分旅馆都允许小孩住在父母的双人房间内（年龄上限从12岁到18岁不等），多出来的床位是免费的，家长只需支付早餐费用。很多高档酒店还提供照看小孩的服务。

信息查询

希腊旅馆商会
· 地址：斯塔迪欧大街24号 · 联系电话：210 331 2535-6 咨询办公室在第七层；
· 工作时间：周一至周五早上8点至下午2点

实用网址：
· www.athens.hotels-nb.com
· www.discounthotelreservation.org
· www.holidaycityeurope.com
· www.totalstay.com
· www.uk.placestostay.com

索菲特雅典机场酒店：
· 联系电话：210 354 4000
· www.sofitel.com

圣乔治·利卡贝图斯饭店

雅典洲际酒店

TOP 10 十大豪华和精品饭店

1 乔治二世饭店 (King George II)

这家曾颇受富人和名人青睐的豪华饭店于2004年重新开张。这家饭店共有104个房间和套间，每个房间内都有大理石浴室，房间内布置的古董家具也各不相同。宪法区瓦斯·乔治欧大街A座·地图M3·210 322 2210·www.grecotel.gr·€€€€

2 大布列塔尼饭店 (Hotel Grande Bretagne)

酒店有着大理石铺就的大堂，饭店内的327间房间和套间无不散发着奢华的气息。这里还有一个屋顶餐厅、游泳池和健身中心。乔治欧大街1号·地图M3·210 333 0000·www.hotelgrandbretagne.gr·€€€€€

3 卫城戴维尼饭店 (Divani Acropolis)

全部由卫城山上的巨石建成，这里气氛奢华，有无处不在的镜子和盆栽棕榈树。夏天，屋顶花园会有饮料和自助餐供应，饭店地下室内还有一处受保护的古文物——特米斯托克利墙。马可利加尼区帕特努诺斯大街（Parthenonos）19-25号·地图C6·210 9280 100·€€€

4 萨米拉米斯饭店 (Semiramis)

由卡里姆·拉什德（Karim Rashid）设计，风格前卫。共有52间房间，有一个室外游泳池、健身中心和美容中心。饭店大厅内展示着现代艺术作品，并定期进行更换。基菲西亚区，卡法拉利的哈利拉奥·特里库匹大街48号·地图T2·210 628 4400·www.semiramisathens.com·€€€€

5 圣乔治·利卡贝图斯饭店 (St George Lycabettus)

坐落在利卡维托斯山上，共有158个房间。饭店屋顶的利用率极高，有一个口碑良好的餐厅、游泳池和酒吧。饭店还提供小巴将客人送到宪法广场。科罗纳基区凯利欧米诺斯大街2号·地图F3·210 729 0711·www.sglycabettus.gr·€€€€

6 潘特里克恩饭店 (Hotel Pentelikon)

位于基菲西亚北部郊区，始建于20世纪20年代。饭店周围是一个花园，饭店里还有一个游泳池。这里的30个房间和14个套间风格各不相同。饭店内的瓦迪斯餐馆供应的食物味道绝佳（见56页）。基菲西亚区卡法拉利的德里吉亚尼大街55号·地图T2·210 623 0650·www.hotelpentelikon.gr·€€€€€

7 生活画廊饭店 (Life Gallery)

是一个全玻璃幕墙的精品酒店，拥有30个房间，工作室和套间。坐落在一个花园内，旁边有一个游泳池。酒店内的休闲设施包括一个亚娜尼亚健身中心和温泉养生馆。埃卡利区瑟西欧大街103号·地图T2·210 626 0400·www.bluegr.com·€€€€

8 戴维尼·阿波罗宫饭店 (Divani Apollo Palace)

占地面积颇大，房间都很宽敞，有着橡木家具和大理石浴室。饭店外有专供客人使用的海滩，还有室外和室内游泳池。饭店提供前往宪法广场的班车。沃立哥美尼·地图T3·210 891 1100·www.divaniapollon.gr·€€€€

9 阿斯特宫度假村 (Astir Palace Resort)

度假村内有三家饭店，私人海滩，娱乐休闲设施和海水游泳池。这里有去雅典中部的班车和豪华轿车。沃立哥美尼·地图T3·210 890 2000·www.astir.gr·€€€€€

10 玛吉饭店 (The Margi Hotel)

从沃立哥美尼海滩步行5分钟就能到这里，这个饭店有110个房间和11个套间，全部以暖色调装饰，房间内还有19世纪的古董家具和大理石浴室。沃立哥美尼的利托斯大街·地图T3·210 896 2061·www.margi.gr·€€€€

注：除非另有说明，所有的酒店都接受信用卡，房间内有浴室及空调

卡利尔赫酒店

米特罗波利坦饭店

价格分类：

一个标准	€	不到100欧元
双人间每晚房	€€	100～150欧元
价（包括早餐）	€€€	150～250欧元
含税及	€€€€	250～350欧元
附加费用	€€€€€	超过350欧元

TOP 10 十大商务和高档酒店

1 NJV 雅典大厦（Athens Plaza）

虽然跻身闹市，这个酒店有着设计出色、宽敞的房间、大理石浴室和按摩浴缸，宝格丽品牌的洗浴用品。精致优雅的大厅远近闻名，有一个24小时开放的商务中心。第8、9层的客人还能欣赏到卫城美景。瓦西雷奥斯·乔治欧大街和斯塔迪欧大街·地图M3·210 335 2400·www.grecotel.gr·€€€€

2 希尔顿酒店

是一家外观时尚，功能齐全的现代化酒店。拥有数量众多的休闲娱乐设施，例如6家餐厅，两个酒吧（一个在屋顶），一个游泳池和健身中心。这里的会务服务也相当令人满意。伊利西亚的瓦西里西斯·索非亚大道46号·地图G4 ·210 728 1000·www.athens.hilton.com·€€€€€

3 雅典卡利尔赫酒店（Athenian Callirhoe）

风格突出，冷色调的大厅以金属装饰，设计时尚独特，奢华的感觉无处不在。服务人员也非常殷切。卡利罗伊斯大街32号和佩特梅萨大街·地图C6·210 9215353·www.tac.gr·€€€

4 米特罗波利坦饭店（Metropolitan）

这家酒店是商务人士最常光顾的酒店，这里有齐全的商务设施，24小时营业的餐厅和设施齐备的房间，健身房内的教练还提供免费教学。还有免费搭载客人去市中心的班车。德尔塔·法利罗的圣戈罗大街385号·210 947 1000·www.chandris.gr·€€€

5 莱德拉·马里奥特（Ledra Marriott）

服务非常友好，装饰也以暖色调为主，还有质地柔软、触感极佳的鹅绒被以及大理石浴室。酒店内波利尼西亚风格的科纳·凯餐厅极受商务人士的欢迎。圣戈罗大街115号·地图T2·210 930 0000·www.marriott.com·€€€

6 雅典洲际酒店

酒店现代而时尚，设施先进。优良的商务设施备受商务人士的青睐，他们更喜爱这里的健身房，桑拿浴室，游泳池和可以到达市内的班车。尼奥斯·科斯莫斯的圣戈罗大街89-93号·地图T2·210 920 6000·www.intercontinental.com·€€€€

7 雅典公园酒店（Athens Park Hotel）

能俯瞰佩蒂翁·阿瑞斯公园，有152个房间和套间，全部是淡雅的暖色调，每个房间内都有大理石浴室。酒店还有一个屋顶花园和健身中心。伊克萨奇亚区里奥弗罗斯·亚历山德拉斯大街10号·地图D1·210 889 4500·www.athe nsparkhotel.gr·€€€

8 戴维尼·卡拉维尔（Divani Caravel）

酒店的大厅内放置着不少古董家具和大理石雕塑，装饰也极具商务酒店风格。这里有餐厅和酒吧，也有一个屋顶花园和室内、室外游泳池。提供免费的班车前往宪法广场，这里的35个房间都能看到卫城的风景。潘格拉提的瓦希雷奥斯·亚历山德罗大街2号·地图G5·210 720 7000·€€€€

9 新鲜酒店（Fresh Hotel）

这个酒店毗邻热闹的中央市场，新颖的设计风格将时尚的气息带到了雅典城内。内有133个房间，所有家具都是以桔黄色，粉色和绿色为主。这里还有一个屋顶咖啡馆和小游泳池。普西里区索福克里奥斯大街26号和克里斯特诺斯大街·地图J1·210 5248511·www.freshhotel.gr·€€€

10 索菲特酒店（Sofitel）

正是索菲特将“机场酒店应该舒适温馨”这一理念传播开来。这里每个房间的隔音效果极好，设计非常精巧，功能完备。会议和商务设施在整个希腊都是第一流的，四周用玻璃围住的屋顶游泳池使人能俯瞰周围美丽的景色。阿提卡区斯巴达的雅典机场·地图T3·210 354 4000·www.sofitel. com·€€€€€

埃斯帕里亚宫酒店

泰坦尼亚酒店

TOP 10 十大中档酒店

1 普拉卡酒店 (Hotel Plaka)

这家酒店位置极佳，位于普拉卡区和埃尔穆商业街之间，设计时尚，简单却很温馨。酒店的屋顶花园能远眺卫城。莫纳斯特拉基区卡普尼卡里亚大街7号和米特罗波利斯大街 · 地图K3 · 210 322 2096 · www.plakahotel.gr · €€

2 厄勒克特拉酒店 (Electra Palace)

这间酒店也许是普拉卡地区最好的酒店，有着时尚的风格，现代化的设施。整个酒店的外形设计则呈现出新古典主义风格。屋顶的游泳池可以尽览卫城的景色，一天的旅行结束后在这里放松一下是最惬意的事情。普拉卡区纳瓦丘 · 尼科迪姆大街18号 · 地图L4 · 210 337 0000 · www.electrahotels.gr · €€

3 阿德良酒店 (Adrian)

酒店的房间不大却实用，只是略显朴素。地处普拉卡中心地带，哈德良图书馆就在旁边。每个房间都有小阳台，屋顶花园景致很美。酒店外的广场上咖啡馆比比皆是，但是晚上可能会很吵。普拉卡区阿德里亚诺大街74号 · 地图J3 · 210 322 1553 · www.douroshotels.com · €€

4 卫城之选酒店 (Acropolis Select)

城内最好的酒店之一，这里的房价只比经济型酒店高一点，却有着时髦敞亮的餐厅和大厅，光线充足、舒适的房间，还提供上门服务，房间内还有卫星电视和基本的商务设施，还能在房间内欣赏卫城景色。尽管酒店并不是在旅游区，却只需步行就能到达大部分景点。库卡吉区法利罗大街37-39号 · 地图C6 · 210 922 9151-5 · www.acropoliselect.gr · €€

5 希罗迪翁酒店 (Herodion)

位于卫城山下一个安静社区内，外观大方，新近装修过的房间很舒适，以淡绿色和原木色为主，一天的旅途劳顿后在这里能得到彻底的休息。特色还有每个房间都能上网，客人每天都能在鲜花簇拥的中庭吃早餐。马可利加尼区罗伯托 · 迦利大街4号 · 地图C6 · 210 923 6832 · www. herodion.gr · €€€

6 亚美里亚酒店 (Amalia)

这里房价不贵，地理位置却极佳（宪法广场内，国家花园对面）。房间舒适实用，尽管临近一条喧闹的主路，却很安静。宪法区亚美里亚斯大街10号 · 地图M4 · 210 323 7301 · www.amalia.gr · €€

7 雅典西普利亚酒店 (Athens Cypria)

这个酒店离宪法广场和繁华的埃尔穆街仅有几步之遥，酒店的房间新近翻修过，干净而舒适，由于太统一也许缺乏个性。这里早餐为自助餐，提供各种冷、热早点，并一直供应到上午10点钟。宪法区迪奥米亚斯大街5号 · 地图L3 · 210 323 8034 · €€

8 埃斯佩里亚宫酒店 (Esperia Palace)

如果是短期停留，这个酒店是个不错的选择。酒店位于一条繁华的商业街上，房间却很安静，装修也很有品位，各项商务和休闲设施齐全。7层以上的房间能看到卫城的景色。帕尼皮斯提米欧区斯塔迪欧大街22号 · 地图L2 · 210 323 8001-9 · www.experia.gr · €€€

9 泰坦尼亚酒店 (Titania)

就这个酒店的价位来说，它的房间和浴室都算非常宽敞，而且酒店还地处中心地带。然而尽管离各个景点都很近，这个酒店却是在雅典中部相对较偏僻而不是繁华的地段。欧摩尼亚区帕尼皮斯提米欧大街52号 · 地图L1 · 210 332 6000 · www.titania.gr · €

10 欧摩尼亚大酒店 (Omonia Grand)

这个明亮的现代时尚的酒店由格莱科特公司连锁经营，也是整顿欧摩尼亚广场的工程之一。如今以其时髦的装修，舒适的房间和友好的服务赢得了良好的声誉。欧摩尼亚区皮勒奥斯大街2号 · 地图C2 · 210 528 2100 · www.grecotel.com · €€

注：除非另有说明，所有的酒店都接受信用卡，房间内有浴室及空调

马贝尔·豪斯·佩恩信酒店　　艺术画廊酒店

价格分类：

一个标准双人间每晚房价（包括早餐）含税及附加费用		
	€	不到100欧元
	€€	100～150欧元
	€€€	150～250欧元
	€€€€	250～350欧元
	€€€€€	超过350欧元

TOP10 十大经济型酒店

1 马贝尔·豪斯膳宿公寓（Marble House Pension）

学生和艺术家们喜欢住在这里，因为这里的房间干净朴素，服务态度也很好。淡季这里还提供折扣，每月的房价也不同。但客人需要为空调和私人洗澡间额外付费。库卡吉区齐尼大街35A · 地图B6 · 210 923 4058 · www.marblehouse.gr · €

2 艺术画廊酒店（Art Gallery Hotel）

这个酒店在经济型酒店中价位算是最高的，但房间内的木地板让人感觉非常舒服，房间内都挂有艺术作品，从这儿步行几分钟就能到达卫城，附近还有几家不错的餐馆。淡季这里的房价稍便宜。不供应早餐。库卡吉区埃利迪欧大街5号 · 地图C6 · 210 923 8376 · €

3 卫城豪斯店（Acropolis House Hotel）

这个拥有120年历史的酒店坐落在普拉卡区的最中心，很受艺术家和学者们的青睐，因为这里安静，历史气息浓厚，酒店的入口还有古老的壁画。房间的设施基本齐备，干净整洁，只是大部分房间都铺着难看的油地毡，而且只有半数房间有空调，客人得为空调额外付费。普拉卡区柯德罗大街6-8号 · 地图L4 · 210 322 2344 · €

4 阿特洛斯酒店（Hotel Attalos）

如果住宿的要求是地处市中心，便宜干净，那么这家酒店能满足要求。但风格相对简陋，房间里铺的是油地毡，家具和荧光灯都很简单。酒店就在热闹的中央市场和嘈杂的莫纳斯特拉基跳蚤市场之间。莫纳斯特拉基区亚蒂娜斯大街29号 · 地图J2 · 210 321 2801 · €

5 塞西尔酒店（Cecil Hotel）

这个酒店就在热闹但拥挤不堪的阿特洛斯大街上，外观呈现出新古典主义风格，但房间的装饰风格完全不同，房间内有着光滑的木地板，高高的吊顶和明亮舒适的家具。提供的也是一些最基本的设施，但给人的感觉很好。莫纳斯特拉基区亚蒂娜斯大街39号 · 地图J2 · 210 321 7079 · www.cecil.gr · €

6 杰森旅馆（Jason Inn）

绝对物超所值。这家酒店房间和服务大大超过你对经济型酒店的预期，客人对这里周到的服务全都赞不绝口。尽管并非地处旅游区，游客步行就能到多数景点，附近还有很好的餐馆。莫纳斯特拉基区阿索马顿大街12号 · 地图B3 · 210 325 1106 · www.douroshotels.com · €€

7 杰森国王酒店（King Jason）

这家酒店是杰森旅馆的兄弟企业，房间内饰讲究，干净舒适。酒店的酒吧和餐厅有着轻松愉快的氛围，因为临近的社区并不是特别喧闹繁华。梅塔艾科索吉欧的克洛诺大街（Kolonou）26号 · 地图B2 · 210 523 4721 · www.douros-hotels.com · €

8 卡罗琳娜酒店（Hotel Carolina）

这里几乎都是学生和背包客，住在这里就像参加一个欢乐的国际性大舞会。能碰到各种各样的人，只是晚上会很吵闹。酒店正在进行装修，将来可以提供更多床位。宪法区克罗克特罗尼大街55号 · 地图K2 · 210 324 3551 · €

9 伊克萨奇翁酒店（The Exarcheion）

这是各国背包客来到雅典一定会住的酒店，房间的数量不多但维护得很好，价格也很便宜。这里的服务人员都很年轻友好，酒店外的小酒吧就在学生聚集的伊克萨奇亚广场中心。伊克萨奇亚区特米斯托克利斯大街55号 · 地图D2 · 210 380 1256 · €

10 德莱亚德斯酒店（Dryades）

与伊克萨奇翁酒店价位、设施的档次相同。但位置稍偏，也更安静。附近有几家模特儿经纪公司，他们常安排自己的模特儿住在这里。伊克萨奇亚区德莱亚顿大街4号 · 地图D1 · 210 382 7116 · €

巴西酒店公寓

价格分类：

一个双人间，套间或公寓房价每月含税及附加费用		
	€	不到1000欧元
	€€	1000～2000欧元
	€€€	2000～3000欧元
	€€€€	3000～4500欧元
	€€€€€	超过4500欧元

TOP10 十大住宿式酒店及公寓

1 托尼酒店 (Tony's Hotel)

这里的房间比许多酒店的房间要小，冰冷的地板砖也无法给人家的感觉。然而这些房间都很新也很干净，有设备齐全的浴室和厨房，大大的阳台。游客只需走几分钟就能到卫城。库卡吉区扎加里斯塔大街（Zacharista）26号 · 地图B1 · 210 923 0561 · €

2 假日套间酒店 (Holiday Suites)

酒店的套间和出租式工作室由假日酒店（Holiday Inn）经营，提供的是与假日连锁酒店相同的服务与设施。这里有大大的浴室、厨房还有面积不大的办公区域。酒店离市中心不远，坐公共汽车或出租车很快就能到。伊利西亚区阿尼斯大街（Arnis）4号 · 210 727 800 · €€€€€

3 德里斯酒店公寓 (Delice Hotel Apartments)

这里的工作室，套间和公寓都提供基本的生活设施，而且布局非常合理，有独立的卧室，厨房和起居室。但周围没有什么景点、餐馆和酒吧，需要坐公共汽车才能到达市区。伊利西亚区瓦希雷奥斯·亚历山德罗大街3号和瓦拉希达（Vrasida）大街 · 210 723 8111 · €€€

4 总统酒店 (President Hotel)

这个酒店提供的是一般酒店会提供的全套服务，只按月出租。这里的房间非常舒适，有绝大部分设施，但缺乏长期居住所需的厨房或是起居室。安贝洛吉皮区基菲西亚斯大街43号 · 210 698 9500 · €€

5 布雷泽套间酒店 (Blazer Suites)

整间酒店全是套间和公寓，适合作长期停留的客人。这里的条件虽算不上很好，但也简单舒适，因此浴室的设备并不豪华。酒店地处雅典南部郊区，空气清新，海滩就在附近，夏天的时候还会有海边俱乐部，唯一的缺点就是离市中心较远。沃拉区卡拉马尼大街1-3号 · 210 965 8801-7 · €€€€

6 绿洲酒店公寓 (Oasis Hotel Apartments)

这是富裕的南部郊区另一家全公寓的酒店，这里大部分两个房间带厨房的公寓都能看到海景；看不到海景的公寓则可以看到酒店带游泳池和按摩浴缸的花园。客人住在这里可以享受到酒店的全套服务和其他附加服务，例如代为照看小孩。吉利法达的波塞冬诺斯大街27号 · 210 894 1555 · www.oasishotel.gr · €€€

7 巴西酒店公寓

这个酒店位于南部郊区吉利法达一个安静的居民区内，有一居及两居室、带厨房的公寓，住客可以享受一般酒店应提供的所有服务，包括这里的商务设施。酒店靠近海滩，四周全是花园。吉利法达的埃勒弗特里亚斯大街4号 · 210 894 2124-6 · www.brasilhotel.gr · €€€€

8 欧内罗豪华公寓 (Oneiro Luxury Apartments)

这里绝大部分一居及两居室的公寓都非常豪华，房间内摆放的是古董家具，挂着水晶吊灯，还能看到萨罗尼卡湾的景色。除了游泳池，按摩浴缸和商务设施，这里还有豪华的大厅和美丽的花园。阿诺·吉利法达的普西洛尼提大街（Psiloriti）98-100号 · 210 963 3011，964 6787 · €€€€-€€€€€

9 最佳产业地产公司 (Best Value Properties)

这家房地产经纪公司专门负责在雅典各地为客户短期寻租带家具的公寓，他们的客户主要是打算在雅典待一两个月的学者或商人。210 671 7554

10 希腊房地产集团 (The Greek Real Estate Group)

这家房地产集团公司专门帮助游客在雅典各地寻找度假期间的住地。吉利法达道斯马尼大街（Dousmani）5号，134号套间 · 210 964 9514 · www.greekreg.com

注：所有的住宿式酒店和公寓的报价都按月计算，应顾客的要求他们也会给出一周的房价

学生和旅游者旅店

雅典国际青年旅舍

TOP10 十大度假营和廉价旅馆

1 潘格拉提第五青年旅舍（Youth Hostel No.5 Pangrati）

这里离各个景点和繁华的市中心都很远，但价格也便宜到家了。这里是希腊青年旅舍协会的总部，这个机构能帮助你在希腊各地找到住宿的地方。潘格拉提的达玛雷奥斯大街75号 · 210 751 9530

2 菲沃斯（Phivos）

这个旅馆地处雅典的正中心，是市区最新的一家旅社。旅舍的主人非常友好，也很热心。这里的每个房间都有浴室和空调。宪法区亚蒂娜斯大街23号 · 地图L4 · 210 323 2455 · 有空调

3 约翰的地盘（John's Place）

地处市中心的一个很不错的旅舍，面积不大，气氛友好而且是家族经营。尽管这个旅舍的价格很低，老式的房间内却是所有设施一应俱全，只是空调的启动速度稍慢。宪法区的帕特罗大街（Patroou）5号 · 地图L3 · 210 322 9179 · 有空调

4 学生和旅游者旅店（Student and Travellers' Inn）

这个整洁无瑕，气氛愉快的旅店新近翻修过，地处普拉卡区风景优美的一隅，到绝大部分景点和市中心只需步行就可以。这里的私人房间和公用宿舍都有木地板，大大的窗户和私人电话，住客还能上网。浴室是公用的，但每个房间都有洗脸池和镜子。普拉卡区凯达西奈翁大街16号 · 地图L4 · 210 324 4808 · 有空调

5 迪奥斯库罗斯宾馆（Dioskouros Guest House）

国际背包客聚集的地方。公用宿舍和能住4个人的私人房间一到夏天就爆满，但学生们和年轻人并不介意，他们反而很喜欢这种热闹的氛围，到了晚上他们都喜欢到外面的花园中喝上一杯啤酒。普拉卡区皮塔库大街6号 · 地图L5 · 210 324 8165

6 坦普酒店（Hotel Tempi）

坦普酒店最吸引人的是坐落在市中心一条安静的大街上，这里还能俯瞰到一座教堂，莫纳斯特拉吉花市和卫城。这是个家族经营的旅馆，房间内只有最基本的设施，但主人的态度特别友好，还能帮你计划旅游行程。莫纳斯特拉吉区艾欧罗大街29号 · 地图K3 · 210 321 3175

7 雅典国际青年旅舍（Athens International Youth Hostel）

这个青年旅舍地处市中心，虽然可能有些嘈杂。但这里的床位价格异常便宜，房间还很安静（在城市的这个地段属于难能可贵），服务人员也很热心助人。旅舍的设施包括洗衣房和供住客使用的厨房。梅塔埃科索吉欧（Metaxourgio）的维克多 · 雨果大街16号 · 地图B2 · 210 523 2049

8 佐巴酒店（Zorba's Hotel）

如果预算比较紧，又只待一两晚的话，这个旅馆是个不错的选择。这里的房间不大，但很清洁。旅馆处于一条喧闹的大街上，离市中心并不远。这个旅馆的优势是工作人员能讲流利的英语，浴室也很大。欧摩尼亚区基尔法都大街10号 · 地图C1 · 210 823 4239 · 有空调

9 阿芙罗蒂忒旅舍（Hostel Aphuodite）

这里的床位非常清洁，气氛也很好。离市中心不太远，而且靠近火车站。旅舍有洗衣房，住客还能付费上网。学生和背包客们最喜欢在楼下的酒吧聚会。欧摩尼亚区埃纳度大街12号 · 210 881 0589 · 每年3月至10月营业

10 雅典度假营（Athens Camping）

这是雅典唯一的一个度假营，也是价格也最便宜的地方。但这个度假营位于一个繁忙的高速公路旁，坐车需要一个小时才能到城里。一般游客只有山穷水尽的地步才会到这里来。利奥法罗斯 · 阿特农大街198号 · 210 581 4114

注：这里所列的所有旅馆每晚的房价都不超过50欧元；一个床位的价格每晚不超过16欧元

波塞冬度假村

纳芙帕里亚宫

艾克瑟尼亚

TOP 10 雅典城外十大高档酒店

1 拉格尼西度假村(Grand Resort Lagonissi)

包括位于苏纽角和沃利哥美尼之间的拉格尼西半岛及周边区域，共有16个海滩及众多海滨度假屋和豪华别墅。还有特色各异的餐馆并会组织各种大型活动。拉格尼西岛，雅典-苏纽角公路旁 · 地图T3 · 22910 76000 · www.lagonissiresort.gr · 每年4月至11月开放 · €€€€€

2 苏纽角格莱科特酒店（Grecotel Cape Sounio）

坐落在一座翠绿的山丘边，一切现代生活设施齐备，游客还能欣赏到大海和波塞冬神庙的壮丽景色。雅典—苏纽角公路 · 地图T3 · 22920 69700 · www.grecotel.gr · €€€€

3 梅尔·诺斯特拉姆地中海俱乐部(Club Mediterranee Mare Nostrum)

一向以有趣多样的餐饮与活动而闻名，位于瓦沃罗纳遗址附近一个海湾内，特色是室内大理石游泳池和屋顶布置成星光灿烂夜空的温泉养生馆。瓦沃罗纳海岸 · 地图T3 · www.clubmed.com · 210 930 1192 · €€（入住时间最短为7晚，报价包括三餐，饮料和各种活动的门票）

4 布拉泽拉酒店(Bratsera)

是全希腊最迷人的地方之一。有装修考究的房间，花朵盛开的庭院，但有些常住客人抱怨说这里服务水准略有下降。伊卓港 · 地图S4 · 22980 53971 · 3月至10月营业 · €€

5 波塞冬度假村(Poseidon Resort)

有一个仅供客人使用的小海滩，还有一个花园以及各种体育、温泉养生和会议设施。房间大小、风格和价格各不相同，既有单人房间也有别墅。带走廊平房最为客人喜爱，房间干净整洁，原木地板光可鉴人，带华盖的大床华丽动人。鲁特拉吉的布茨·鲁特拉吉欧地区 · 地图R2 · 27440 67938 · www.poseidon.resort.gr · €€€

6 纳芙帕里亚宫酒店（Nafplia）

这家纳芙帕里亚最好的酒店改造后有原木和大理石装饰的房间。位于阿克洛纳芙帕里亚山上古代堡垒内。纳芙帕里奥区阿克洛纳芙帕里亚山 · 地图R3 · 27520 28981 · www.nafpliohotels.gr · €€€

7 AKS集团的波多·切利酒店(AKS Porto Cheli)

能俯瞰阿格里克斯海湾，能方便地到达伯罗奔尼撒半岛和斯佩茨岛。有着宽敞的房间和大床，可为客人提供各种度假服务和举办各种活动，还可代客人照看小孩。波多切利 · 地图S4 · 2754 053 400 · www.akshotels.com · €€

8 特米·席拉大酒店（Thermae Sylla Grand Hotel）

有希腊最好的温泉之一，这里富含矿物质的温泉水具有良好的疗效，酒店内还有其他多种美容和休闲设施。周围的环境优美，古意盎然，房间和治疗区装饰风格却是非常现代化。依维亚岛艾迪普索斯 · 地图S1 · 22260 60100 · www.thermaesylla.gr · €€€€

9 阿拉齐瓦的埃拉托斯度假村(Elatos Resort, Arachova)

这是希腊境内唯一位于阿尔卑斯山上的度假村，坐落在帕纳索斯国家公园旁的松树林内。这里的40间山中小屋都有两到三个卧室，一个厨房，壁炉和走廊。酒店的主楼有一个设备齐全的健身中心、酒吧和餐厅。阿拉齐瓦附近的伊塔莫斯 · 地图R1 · 22340 61162 · www.elatos.com · €€€€

10 埃克瑟尼亚酒店(Xenia)

酒店可以一览德尔菲山下橄榄林中的美丽景色。这里有一个室内游泳池和设备齐全的体操馆和健身中心，也是希腊为数不多的允许客人携带宠物入住的酒店之一。德尔菲 · 地图Q1 · 22650 82151 · €€

注：除非另有说明，所有的酒店都接受信用卡，房间内有浴室及空调

帕纳索斯酒店

价格分类：

一个标准	€	不到100欧元
双人间每晚房	€€	100～150欧元
价（包括早餐）	€€€	150～250欧元
含税及	€€€€	250～350欧元
附加费用	€€€€€	超过350欧元

TOP 10 雅典城外十大中档及经济型酒店

1 格尼美德酒店 (Hotel Ganimede)

酒店建于19世纪，装饰风格简单而优雅，最吸引人的地方是一个飘满花香的庭院。酒店提供的早餐极其丰盛。加列克西帝古尔格尼大街16号 · 地图Q1 · 22650 41328 · www.gsp.gr/ganimede.gr · 11月至12月休息 · 不接受信用卡 · €

2 阿琴提科酒店 (Archontiko)

这里的每个房间都有不同主题，非常有趣。有冒险精神的情侣会选择住在主题为“概念”的房间，这个房间里会有圆圆的床和布满镜子的天花板。客人还可以在景色宜人的花园里散步。加列克西帝靠近港口的维西瑟拉 · 地图Q1 · 22650 42292 · 不接受信用卡 · €

3 贝莉·海伦娜酒店 (Hotel Belle Helene)

德国考古学家海因里希·谢里曼挖掘迈锡尼古遗址的时候就住在这里，后来很多古典学者也追随他的脚步住在这里。如今除了感受酒店带给他们的历史气息，这里干净舒适的房间一样让现代的游客深感满意。迈锡尼克里斯托·茨恩塔大街15号 · 地图R3 · 27510 76225 · €

4 阿克洛纳芙帕里亚膳宿公寓 (Pension Acronafplia)

如果这里住满了，会在其他旅馆内为你找到住处。这个公寓楼内的住宿条件并不完全相同。这里的很多房间都很舒适，有的还有彩绘木地板和大铁床。纳弗波里欧的瓦西雷奥斯·康斯坦蒂诺大街23号 · 地图R3 · 27520 24481 · www.pensionacronafplia.com · €

5 迪米特里斯·贝卡斯酒店 (Dimitris Bekas)

这是纳弗波里欧最好的经济型酒店。这个老城内的酒店房间大都朴素宽敞，也很干净，在酒店的屋顶还能欣赏到美丽的海景。大多数房间都有电视，但浴室是公用的。房间内没有空调，但由于地势较高，房间内还有电扇，因此不会让人热得受不了。纳弗波里欧的埃弗蒂米欧波罗大街26号 · 地图R3 · 27520 24594 · 没有空调也不接受信用卡 · €

6 奥顿国王酒店 (King Othon)

靠近纳弗波里欧市中心，有颜色鲜艳的屋顶。房间类型各异，但都非常舒适。酒店提供的早餐还包括自制的糖果。纳弗波里欧的法马可波罗大街4号 · 地图R3 · 27520 27595 · €

7 托洛斯酒店 (Hotel Tholos)

这是一家经济型酒店，房间价格不高，但很干净整洁，装修清爽悦目，酒店的主人也非常热情好客。德尔菲的阿波罗诺斯大街31号 · 地图Q1 · 22650 82268 · 没有空调也不接受信用卡 · €

8 奥林匹克酒店 (Hotel Olympic)

价位比一般的经济型酒店稍高，但也还算适中。房间温馨舒适，整洁无暇，客厅里的壁炉在白雪皑皑的冬天会让你觉得无比温暖。德尔菲，瓦西雷奥斯帕弗罗大街和弗里德里基斯大街59号交会处 · 地图Q1 · 2265 082793 · €

9 帕纳索斯酒店 (Hotel Parnassos)

住在阿拉奇瓦这个小山村外，帕纳索斯酒店是很好的选择。这里每两个房间共用一个浴室，房间宽敞干净，没有空调，但帕纳索斯山的遮挡使空调并没有存在的必要。阿拉奇瓦的德尔丰 · 地图R1 · 226 703 1307 · 没有空调 · €

10 埃吉尼提科·阿翁提科酒店 (Eginitiko Arhontiko)

建于19世纪，具有别样风情：天花板经过彩绘，大堂内的玻璃窗也已经染上了岁月的风霜，还有一个花园式的庭院。房间都不大但很整洁，尽管有的房间内油漆已经斑驳，水管还会发出空洞的声响。爱琴娜岛托梅多大街和圣尼古拉奥大街以及圣玛丽娜大街交会处 · 地图S3 · 22970 24968 · €

日常用语（英－希－发音对照）

紧急情况

Help!	Voítheia!	vo-ee-theea!
Stop!	Stamatíste!	sta-ma-tee-steh!
Call a doctor!	Fonáxte éna giatró!	fo-nak-steh e-na ya-tro!
Call an ambulance/ the police/ fire brigade!	Kaléste to asthenofóro/ tin astynomía/tin pyrosvestikí!	ka-le-steh to as-the-no-fo-ro/ teen a-sti-no-the mia/teen pee-ro-zve-stee-kee!
Where is the nearest telephone/ hospital/ pharmacy?	Poú eínai to plisiéstero tiléfono/ nosokomeío/ farmakeío?	poo ee-ne to plee-see-e-ste-ro tee-le-pho-no/ no-so-ko-mee-o/ far-ma-kee-o?

礼貌用语

Yes	Nai	neh
No	Ochi	o-chee
Please	Parakaló	pa-ra-ka-lo
Thank you	Efcharistó	ef-cha-ree-sto
You are welcome	Parakaló	pa-ra-ka-lo
OK/alright	Entáxei	en-dak-zee
Excuse me	Me synchoreíte	me seen-cho-ree-teh
Hello	Geiá sas	yeea sas
Goodbye	Antío	an-dee-o
Good morning	Kaliméra	ka-lee-me-ra
Good night	Kalin´ychta	ka-lee-neech-ta
Morning	Proí	pro-ee
Afternoon	Apógevma	a-po-yev-ma
Evening	Vrádi	vrath-i
This morning	Símera to proí	see-me-ra to pro-ee
Yesterday	Chthés	chthes
Today	Símera	see-me-ra
Tomorrow	Avrio	av-ree-o
Here	Edó	ed-o
There	Ekeí	e-kee
What?	Tí?	tee?
Why?	Giatí?	ya-tee?
Where?	Poú?	poo?
How?	Pós?	pos?
Wait!	Perímene!	pe-ree-me-neh!
How are you?	Tí káneis?	tee ka-nees?
Very well, thank you.	Poly kalá, efcharistó.	po-lee ka-la, ef-cha-ree-sto.
How do you do?	Pós eíste?	pos ees-te?
Pleased to meet you.	Chaíro pol´y.	che-ro po-lee.
What is your name?	Pós légeste?	pos le-ye-ste?
Where is/are...?	Poú eínai…?	poo ee-ne…?
How far is it to...?	Póso apéchei...?	po-so a-pe-chee?
How do I get to..?	Pós mporó na páo...?	pos bo-ro-na pa-o...?
Do you speak English?	Miláte Angliká?	mee-la-te an-glee-ka?
I understand.	Katalavaíno.	ka-ta-la-ve-no.
I don't understand.	Den katalavaíno.	then ka-ta-la-ve-no.
Could you speak slowly?	Miláte lígo pio argá parakaló?	mee-la-te lee-go pyo ar-ga pa-ra-ka-lo?
I'm sorry.	Me synchoreíte.	me seen-cho-ree teh.
Does anyone have a key?	Echei kanénas kleidí?	e-chee ka-ne-nas klee-dee?

实用词汇

big	Megálo	me-ga-lo
small	Mikró	mi-kro
hot	Zestó	zes-to
cold	Kr´yo	kree-o
good	Kaló	ka-lo
bad	Kakó	ka-ko
enough	Arketá	ar-ke-ta
well	Kalá	ka-la
open	Anoichtá	a-neech-ta
closed	Kleistá	klee-sta
left	Aristerá	a-ree-ste-ra
right	Dexiá	dek-see-a
straight on	Eftheía	ef-thee-a
between	Anámesa / Metax´y	a-na-me-sa/ me-tak-see
on the corner of..	Sti gonía tou...	stee go-nee-a too
near	Kontá	kon-da
far	Makriá	ma-kree-a
up	Epáno	e-pa-no
down	Káto	ka-to
early	Norís	no-rees
late	Argá	ar-ga
entrance	I eísodos	ee ee-so-thos
exit	I éxodos	ee e-kso-dos
toilet	Oi toualétes /	ee-too-a-le-tes
occupied/ engaged	Kateiliméni	ka-tee-lee-me-nee
unoccupied	Eléftheri	e-lef-the-ree
free/no charge	Doreán	tho-re-an
in/out	Mésa/ Exo	me-sa/ek-so

电话用语

Where is the nearest public telephone?	Poú vrísketai o plisiésteros tilefonikós thálamos?	poo vrees-ke-teh o plee-see-e-ste-ros tee-le-fo-ni-kos tha-la-mos?
I would like to place a long-distance call.	Tha íthela na káno éna yperastikó tilefónima.	tha ee-the-la na ka-no e-na ee-pe-ra-sti-ko tee-le-fo-nee-ma.
I would like to reverse the charges.	Tha íthela na chreóso to tilefónima ston paralípti.	tha ee-the-la na chre-o-so to tee-le-fo-nee-ma ston pa-ra-lep-tee.
I will try again later.	Tha xanatilefoníso argótera.	tha ksa-na-tee-le-fo-ni-so ar-go-te-ra.
Can I leave a message?	Mporeíte na tou afísete éna mínyma?	bo-ree-te na too a-fee-se-teh e-na mee-nee-ma?

Could you speak up a little please?	Miláte dynatótera, parakaló?	mee-la-teh dee-na-to-te -ra, pa-ra-ka-lo?
Hold on.	Periménete.	pe-ri-me-ne-teh.
local call	Topikó tilefónima	to-pi-ko tee-le-fo-nee-ma
OTE telephone office	O OTE / To tilefoneío	o O-TE / To tee-le-fo-nee-o
phone box/kiosk	O tilefonikós thálamos	o tee-le-fo-ni-kos tha-la-mos
phone card	I tilekárta	ee tee-le-kar-ta

购物

How much does this cost?	Póso kánei?	po-so ka-nee?
I would like.....	Tha íthela...	tha ee-the-la...
Do you have.....?	Echete...?	e-che-teh…?
I am just looking.	Aplós koitáo.	a-plos kee-ta-o.
Do you take credit cards/ travellers' cheques?	travellers' cheques Décheste pistotikés kártes/ travellers' cheques?	the-ches-teh pee-sto-tee-kes kar-tes/ travellers' cheques?
What time do you open/close?	Póte anoígete/ kleínete?	po-teh a-nee-ye-teh/ klee-ne-teh?
Can you ship this overseas?	Mporeíte na to steílete sto exoterikó?	bo-ree-teh na to stee-le-teh sto e-xo-te-ree ko?
This one.	Aftó edó.	af-to e-do.
That one.	Ekeíno.	e-kee-no.
expensive	Akrivó	a-kree-vo
cheap	Fthinó	fthee-no
size	To mégethos	to me-ge-thos
white	Lefkó	lef-ko
black	Mávro	mav-ro
red	Kókkino	ko-kee-no
yellow	Kítrino	kee-tree-no
green	Prásino	pra-see-no
blue	Mple	bleh

公共场所

antique shop	Magazí me antíkes	ma-ga-zee me an-dee-kes
bakery	O foúrnos	o foor-nos
bank	I trápeza	ee tra-pe-za
bazaar	To pazári	to pa-za-ree
bookshop	To vivliopoleío	to vee-vlee-o -po-lee-o
butcher	To kreopoleío	to kre-o-po-lee-o
cake shop	To zacharo-plasteío	to za-cha-ro-pla-stee-o
cheese shop	Magazí me allantiká	ma-ga-zee me a-lan-dee-ka
department store	Polykatástima	Po-lee-ka-ta-stee-ma
fishmarket	To ichthyopoleío/ psarádiko	to eech-thee-o-po-lee-o /psa-rá-dee-ko
greengrocer	To manáviko	to ma-na-vee-ko
hairdresser	To kommotírio	to ko-mo-tee-ree-o
kiosk	To períptero	to pe-reep-te-ro
leather shop	Magazí me dermátina eídi	ma-ga-zee me ther-ma-tee-na ee-thee
street market	I laïkí agorá	ee la-ee-kee a-go-ra
newsagent	O efimeridopólis	O e-fee-me-ree-tho-po-lees
pharmacy	To farmakeío	to far-ma-kee-o
post office	To tachydromeío	to ta-chee-thro-mee-o
shoe shop	Katástima y podimáton	ka-ta-stee-ma ee-po-dee-ma-ton
souvenir shop	Magazí me "souvenir"	ma-ga-zee meh "souvenir"
supermarket	"Supermarket" / Yperagorá	"Supermarket" / ee-per-a-go-ra
tobacconist	Eídi kapnistoú	Ee-thee kap-nees
travel agent	To taxeidiotikó grafeío	to tak-see-thy-o-tee-ko gra-fee-o

观光

tourist information	O EOT	o E-OT
tourist police	I touristikí astynomía	ee too-rees-tee-kee a-stee-no-mee-a
archaeological	archaiologikós	ar-che-o-lo-yee-kos
art gallery	I gkalerí	ee ga-le-ree
beach	I paralía	ee pa-ra-lee-a
Byzantine	vyzantinós	vee-zan-dee-nos
castle	To kástro	to ka-stro
cathedral	I mitrópoli	ee mee-tro-po-lee
cave	To spílaio	to spee-le-o
church	I ekklisía	ee e-klee-see-a
folk art	laïkí téchni	la-ee-kee tech-nee
fountain	To syntriváni	to seen-dree-va-nee
hill	O lófos	o lo-fos
historical	istorikós	ee-sto-ree-kos
island	To nisí	to nee-see
lake	I límni	ee leem-nee
library	I vivliothíki	ee veev-lee-o-thee-kee
mansion	I épavlis	ee e-pav-lees
monastery	moní	mo-ni
mountain	To vounó	to voo-no
municipal	dimotikós	thee-mo-tee-kos
museum	To mouseío	to moo-see-o
national	ethnikós	eth-nee-kos
park	To párko	to par-ko
garden	O kípos	o kee-pos
gorge	To farángi	to fa-ran-gee
grave of....	O táfos tou...	o ta-fos too
river	To potámi	to po-ta-mee
road	O drómos	o thro-mos
saint	ágios/ágioi/ agía/agíes	a-yee-os/a-yee-ee/a-yee-a/

		a-yee-es
spring	I pigí	ee pee-yee
square	I plateía	ee pla-tee-a
stadium	To stádio	to sta-thee-o
statue	To ágalma	to a-gal-ma
theatre	To théatro	to the-a-tro
town hall	To dimarcheío	to thee-mar-chee-o
closed on public holidays	kleistó tis argíes	klee-sto tees aryee-es

公共交通

When does the .... leave?	Póte févgei to...?	po-teh fev-yee to...?
Where is the bus stop?	Poú eínai i stási tou leoforeíou?	poo ee-neh ee sta-see too le-o-fo-ree-oo...?
Is there a bus to..?	Ypárchei leoforeío gia...?	ee-par-chee le-o-fo-ree-o yia...?
ticket office	Ekdotíria eisitiríon	Ek-tho-tee-reea ee-see-tee-ree-on
return ticket	Eisitírio me epistrofí	ee-see-tee-ree-o meh e-pee-stro-fee
single journey	Apló eisitírio	a-plo ee-see-tee-reeo
bus station	O stathmós leoforeíon	o stath-mos leo-fo-ree-on
bus ticket	Eisitírio leoforeíou	ee-see-tee-ree-o leo-fo-ree-oo
trolley bus	To trólley	to tro-le-ee
port	To limán	to lee-ma-nee
train/metro	To tréno	to tre-no
railway station	sidirodromikós stathmós	see-thee-ro-thro-mee-kos stath-mos
moped	To motopodílato/ To michanáki	to mo-to-po-thee-la-to/to mee-cha-na-kee
bicycle	To podílato	to po-thee-la-to
taxi	To taxí	to tak-see
airport	To aerodrómio	to a-e-ro-thro-mee-o
ferry	To "ferry-boat"	to fe-ree-bot
hydrofoil	To delfíni / To ydroptérygo	to del-fee-nee / To ee-throp-te-ree-go
catamaran	To katamarán	to catamaran
for hire	Enoikiázontai	e-nee-kya-zon-deh

在酒店

Do you have a vacant room?	Echete domátia?	e-che-teh tho-ma-tee-a?
I have a reservation.	Echo kánei krátisi.	e-cho ka-nee kra-tee-see.
double room with double bed	Díklino me dipló kreváti	thee-klee-no meh thee-plo kre-va-tee
twin room	Díklino me dipló kreváti	thee-klee-no meh mo-na kre-vat-ya
single room	Monóklino	mo-no-klee-no
room with a bath	Domátio me mpánio	tho-ma-tee-o meh ban-yo
shower	To douz	To dooz
porter	O portiéris	o por-tye-rees
key	To kleidí	to klee-dee
room with a sea view/balcony	Domátio me théa sti thálassa/ mpalkóni	tho-ma-tee-o meh the-a stee tha-la-sa/bal-ko-nee
Does the price include breakfast?	To proïnó symperi-lamvánetai stin timí?	to pro-ee-no seem-be-ree-lam-va-ne-teh steen tee-mee?

用餐

Have you got a table?	Echete trapézi?	e-che-te tra-pe-zee?
I want to reserve a table.	Thélo na kratíso éna trapézi.	the-lo na kra-tee-so e-na tra-pe-zee.
The bill, please.	Ton logariazmó parakaló.	ton lo-gar-yas-mo pa-ra-ka-lo.
I am a vegetarian.	Eímai chortofágos.	ee-meh chor-to-fa-gos.
What is fresh today?	Tí frésko échete símera?	tee fres-ko e-che-teh see-me-ra?
waiter/waitress	K´yrie/Garson"/ Kyría	Kee-ree-eh/ Gar-son/ Kee-ree-a
menu	O katálogos	o ka-ta-lo-gos
cover charge	To "couvert"	to koo-ver
wine list	O katálogos me ta oinopne-vmatódi	o ka-ta-lo-gos meh ta ee-no-pnev-ma-to-thee
glass	To potíri	to po-tee-ree
bottle	To mpoukáli	to bou-ka-lee
knife	To machaíri	to ma-che-ree
fork	To piroúni	to pee-roo-nee
spoon	To koutáli	to koo-ta-lee
breakfast	To proïnó	to pro-ee-no
lunch	To mesimerianó	to me-see-mer-ya-no
dinner	To deípno	to theep-no
main course	To kyríos gévma	to kee-ree-os yev-ma
starter/first course	Ta orektiká	ta o-rek-tee-ka
dessert	To glykó	to ylee-ko
dish of the day	To piáto tis i méras	to pya-to tees ee-me-ras
bar	To "bar"	To bar
taverna	I tavérna	ee ta-ver-na
café	To kafeneío	to ka-fe-nee-o
fish taverna	I psarotavérna	ee psa-ro-ta-ver-na
grill house	I psistariá	ee psee-sta-rya
wine shop	To oinopoleío	to ee-no-po-lee-o
dairy shop	To galakto-	to ga-lak-to-

	poleío	po-lee-o
restaurant	To estiatório	to e-stee-a-to-ree-o
ouzeri	To ouzerí	to oo-ze-ree
meze shop	To mezedopoleío	To me-ze-do-po-lee-o
take away kebabs	To souvlatzídiko	To soo-vlat-zee-dee-ko
rare	Eláchista psiméno	e-lach-ees-ta psee-me-no
medium	Métria psiméno	met-ree-a psee-me-no
well done	Kalopsiméno	ka-lo-psee-me-no

食品和饮品

coffee	O Kafés	o ka-fes
with milk	me gála	me ga-la
black coffee	skétos	ske-tos
without sugar	chorís záchari	cho-rees za-cha-ree
medium sweet	métrios	me-tree-os
very sweet	glyk´ys	glee-kees
tea	tsái	tsa-ee
hot chocolate	zestí sokoláta	ze-stee so-ko-la-ta
wine	krasí	kra-see
red	kókkino	ko-kee-no
white	lefkó	lef-ko
rosé	rozé	ro-ze
raki	To rakí	to ra-kee
ouzo	To oúzo	to oo-zo
retsina	I retsína	ee ret-see-na
water	To neró	to ne-ro
octopus	To chtapódi	to chta-po-dee
fish	To psári	to psa-ree
cheese	To tyrí	to tee-ree
halloumi	To chaloúmi	to cha-loo-mee
feta	I féta	ee fe-ta
bread	To psomí	to pso-mee
bean soup	I fasoláda	ee fa-so-la-da
houmous	To houmous	to choo-moos
halva	O chalvás	o chal-vas
meat kebabs	O g´yros	o yee-ros
Turkish delight	To loukoúmi	to loo-koo-mee
baklava	O mpaklavás	o bak-la-vas
klephtiko	To kléftiko	to klef-tee-ko

数字

1	éna	e-na
2	d´yo	thee-o
3	tría	tree-a
4	téssera	te-se-ra
5	pénte	pen-deh
6	éxi	ek-si
7	eptá	ep-ta
8	ochtó	och-to
9	ennéa	e-ne-a
10	déka	the-ka
11	énteka	en-de-ka
12	dódeka	tho-the-ka
13	dekatría	de-ka-tree-a
14	dekatéssera	the-ka-tes-se-ra
15	dekapénte	the-ka-pen-de
16	dekaéxi	the-ka-ek-si
17	dekaeptá	the-ka-ep-ta
18	dekaochtó	the-ka-och-to
19	dekaennéa	the-ka-e-ne-a
20	eíkosi	ee-ko-see
21	eikosiéna	ee-ko-see-e-na
30	triánta	tree-an-da
40	saránta	sa-ran-da
50	penínta	pe-neen-da
60	exínta	ek-seen-da
70	evdomínta	ev-tho-meen-da
80	ogdónta	og-thon-da
90	enenínta	e-ne-neen-da
100	ekató	e-ka-to
200	diakósia	thya-kos-ya
1,000	chília	cheel-ya
2,000	d´yo chiliádes	thee-o cheel-ya-thes
1,000,000	éna ekatomm´yrio	e-na e-ka-to-mee-ree-o
one minute	éna leptó	e-na lep-to
one hour	mía óra	mee-a o-ra
half an hour	misí óra	mee-see o-ra
quarter of an hour	éna tétarto	e-na te-tar-to
half past one	mía kai misí	mee-a keh mee-see
quarter past one	mía kai tétarto	mee-a keh te-tar-to
ten past one	mía kai déka	mee-a keh the-ka
quarter to two	d´yo pará tétarto	thee-o pa-ra te-tar-to
ten to two	d´yo pará déka	thee-o pa-ra the-ka
a day	mía méra	mee-a me-ra
a week	mía evdomáda	mee-a ev-tho-ma-tha
a month	énas mínas	e-nas mee-nas
a year	énas chrónos	e-nas chro-nos
Monday	Deftéra	thef-te-ra
Tuesday	Tríti	tree-tee
Wednesday	Tetárti	te-tar-tee
Thursday	Pémpti	pemp-tee
Friday	Paraskeví	pa-ras-ke-vee
Saturday	Sávvato	sa-va-to
Sunday	Kyriakí	keer-ee-a-kee
January	Ianouários	ee-a-noo-a-ree-os
February	Fevrouários	fev-roo-a-ree-os
March	Mártios	mar-tee-os
April	Aprílios	a-pree-lee-os
May	Máios	ma-ee-os
June	Ioúnios	ee-oo-nee-os
July	Ioúlios	ee-oo-lee-os
August	Avgoustos	av-goo-stos
September	Septémvrios	sep-tem-vree-os
October	Októvrios	ok-to-vree-os
November	Noémvrios	no-em-vree-os
December	Dekémvrios	the-kem-vree-os

致谢

主要撰稿者：

科罗尔·达文波特和简·福斯特生活在雅典，是以撰写旅游和专题文章为生的自由作家。书后与购物和娱乐相关的文章由另一位雅典作家科迪利亚·梅登撰写。

本书由伦敦BLUE ISLAND（蓝色岛屿）出版公司出品。其网址是：www.blueisland.co.uk

主摄影师：
Nigel Hicks

其他摄影师：
Joe Cornish, Rupert Horrox, Rob Reichenfeld, Clive Streeter, Peter Wilson

插图：
John Plumer

AT DORLING KINDERSLEY

制图：
Casper Morris

DTP
Jason Little, Conrad van Dyk

图片版权：
Dorling Kindersley would like to thank all the churches, museums, hotels, restaurants, bars, clubs, shops, galleries and other sights for their assistance and kind permission to photograph at their establishments.

Placement Key: t = top; tl = top left; tr = top right; tc = top centre; c = centre; cl + center left; cr = center right; b = bottom; bl = bottom left; d = detail.

AKG, London: 34tl/tr, 35l, 35r, 36tl(d), 37t(d), 38tc; Cameraphoto 38tl: John Hios 36c, 37c(d); Erich Lessing 36b, 36tc, 36tr(d), 38b, 38tr, 39t(d)/c/b(d), 61.

Benaki Museum: M Skiadaresis 2tc, 22c/b, 23t/cl/cr/b; Bernard Tschumi Architects: 11c/b, 46tl; Brasil Hotel Apartments:144tl; Bridgeman Art Library: Acropolis Museum, Athens 40tl; Fitzwilliam Musuem, University of Cambridge, UK 40tr; Musee Municipal Antoine Vivenel, Compiegne, France 40c; National Archaeological Museum, Athens, Greece 64c; BYZANTINE MUSEUM: 29tl, 29tr.

Callirhoe Hotel: 141tl; Courtesy of the City of Athens Museum: 87b; CORBIS: Hulton Deutsch Collection 64tr; Gianni Dagli Orti 16c, 41t.

Courtesy of the Hellenic Festival SA: 60b(d).

Courtesy of the Jewish Museum of Greece: 72tr.

Courtesy of Kazantakis Publications: 37b(d); Kobal Collection: 20th Century Fox 65bl.

Metropolitan Hotel: 141tr.

Nicholas P Goulandris Foundation Museum of Cycladic and Ancient Greek Art: 18–9 all; 43c.

Organising Committee for the Olympic Games ATHENS 2004: 62tc/62tr.

Photostock, Athens: 15c, 29c, 29t, 60c, 64tl.

robertharding.com: Tony Gervis 60tr.

VENUE BAR: 85tl.

趣味导游丛书

DAOYOU LÜTU CAIYI BAODIAN

导游旅途才艺宝典

第2版

黄明亮 赵利民 万剑敏 编著

北京·旅游教育出版社